Joyas voladoras

Flying Jewels

Ralph Dessau

Piggy Press

Florisuga mellivora

Un agradecimiento especial a Sandra Cripe
por su ayuda en la preparación de este libro.

A special thanks to Sandra Cripe
for her help in the preparation of this book.

598.2
D471   Dessau, Ralph B.
          Joyas voladoras = Flying Jewels : estudio profundo bilingüe de los colibríes
       = Bilingual In-depth Study of Hummingbirds/ Ralph B. Dessau. – Panamá :
       Piggy Press, 2013.
          80 p. ; 26 cm.

          ISBN 978-9962-690-58-0 (Tapa dura)
          ISBN 978-9962-690- 59-7 (Tapa suave)

          1.   COLIBRÍES
          2.   AVES   I. Título.

Piggy Press Books
info@piggypress.com
www.piggypress.com

Este libro fue publicado bajo el patrocinio
de la UNIVERSIDAD TECNOLÓGICA OTEIMA
en David, Chiriquí, República de Panamá.

This book was published under the sponsorship
of the OTEIMA TECHNOLOGICAL UNIVERSITY
in David, Chiriqui, Republic of Panama.

Campylopterus cuvierii

Dedico este libro a mi mejor amigo, Louis Magne, quien me hizo posible la realización de este libro y al pueblo de Panamá, esperando que genere una mayor apreciación de la naturaleza de su bello país. Me causa mucha tristeza ver como la ignorancia y la avaricia han causado la destrucción innecesaria de mucho de la flora original y por ende la extinción de innumerables especies. Solamente una educación enfocada a la protección del ambiente puede revertir este desarrollo y es mi sincera esperanza que este libro pueda jugar un papel significante en este esfuerzo.

R.D.

I dedicate this book to my very dear friend, Louis Magne, who made this book possible and to the people of Panama in the hope it will make them aware of and protect the wonderful wildlife of their beautiful country. It is sad to see how ignorance and greed already has caused the unnecessary destruction of much of the original vegetation and consequently the extinction of countless species, many of which can never come back. Only an education of the young focused on the protection of the environment can reverse this trend, and it is my sincere hope that this book will play a significant role in this effort.

R.D.

Índice

Eugenes fulgens

JOYAS VOLADORAS

Contents

Lepidopyga coerulegularis

FLYING JEWELS

Prólogo

Amazilia edward

PANAMÁ TIENE TANTOS tesoros naturales que no es de extrañar que algunos están siendo totalmente ignorados. Y los diminutos colibríes parecen pertenecer a esta categoría de tesoros olvidados. Digo esto porque cuando traté de aprender más sobre ellos, me di cuenta de que muchas de las personas que pregunté ni siquiera sabían que existían. Esto es realmente sorprendente, ya que hay alrededor de 356 diferentes especies de colibríes en todo el mundo, de los cuales 59 han sido observados en Panamá. Afortunadamente, la provincia de Chiriquí es el hogar de muchas especies diferentes.

Quiero dejar muy claro que este libro no representa a un estudio científico del colibrí. Sólo he tratado de describir las emociones que siempre parecen irradiar en el desarrollo de sus actividades diarias, la alimentación, el descanso, el baño, y cuando salvajemente persiguen unos a otros para competir por la limitada oferta de néctar que se dispone de las flores que frecuentan. Como mi principal fuente de información para identificar las especies locales, usé un libro titulado *Guía de las Aves de Panamá, incluyendo Costa Rica, Nicaragua y Honduras* por Robert S. Ridgely y John A. Gwynne, Jr.

A través de mi cámara he tratado de captar la belleza y la elegancia de estas pequeñas joyas voladoras en el desempeño de sus actividades, y he disfrutado de cada momento. Sin embargo, me sentiría mucho más recompensado si este libro ayudaría a ganar a más amigos para proteger sus hábitats. La humanidad durante siglos ha invadido su territorio con actividades destructivas y ahora necesitan desesperadamente nuevas áreas donde puedan prosperar. La buena noticia es que se adaptan fácilmente a los jardines de flores y parques, mientras les proporcionamos con sus flores favoritas.

Muchos amigos han mostrado su preocupación por estos pequeños pájaros con sus esfuerzos para asegurar que este libro se convierta en una realidad, y muchos otros ayudaron con información sobre dónde encontrar ciertas especies y con frecuencia incluso abrieron sus casas y jardines para mí. Es imposible dar las gracias a todos ellos en este espacio limitado, pero estoy especialmente agradecido a Janet Lee de "Cielito Sur", John Collins de Finca Lérida y Nixa Gnaegi de Ríos. También le debo un agradecimiento especial a mi esposa Carmen, quien con la mayor paciencia siempre me acompañó y toleró mi pasión por estudiar y aprender todo lo posible sobre los pequeños colibríes. El resto de los créditos para hacer realidad este libro pertenece a mis pequeños amigos, los colibríes de Panamá.

Prologue

Anthracothorax prevosti

PANAMA HAS SO many natural treasures that it is hardly surprising when some are being completely ignored. And the tiny hummingbirds seem to belong to this category of forgotten treasures. I say this because when I tried to learn more about them, I found that many of the people I asked hardly even knew they existed. This is really quite surprising, since there are roughly 356 different species of hummingbirds in the whole world, of which 59 have been observed in Panama, and the province of Chiriqui alone is home to many different species.

Let me make it very clear, that this book is by no means intended to represent a scientific study of hummingbirds. I have only tried to describe the excitement and emotions hummingbirds always seem to radiate in the pursuit of their daily activities, feeding, resting, bathing, and when they wildly chase each other when competing for the limited supply of nectar that is available from the flowers they frequent. As my primary information source to identify the local species, I used *Guide to the Birds of Panama, including Costa Rica, Nicaragua and Honduras* by Robert S. Ridgely and John A Gwynne, Jr.

By means of my camera I have tried to capture the beauty and elegance of these tiny, flying jewels in the performance of these activities and I have enjoyed every moment. I would, however, feel far more rewarded if this book helps to gain them more friends to protect their habitats. Humanity has for centuries invaded their territory with destructive activities and now they desperately need new areas where they can thrive. The good news is that they readily adapt to our flowering gardens and parks, as long as we provide them with their favorite flowers.

Many friends have demonstrated their concern for these little birds with their efforts to ensure that this book should become a reality, and many others helped with information about where to find certain species and frequently even opened their homes and gardens to me. It is impossible to thank all of them in this limited space, but I am particularly grateful to Janet Lee from "Cielito Sur", John Collins from Finca Lerida and Nixa Gnaegi de Rios. I also owe special thanks to my wife Carmen, who with the greatest patience always accompanied me and tolerated my passion for studying and learning everything possible about the little hummingbirds. All other credits for making this book a reality belong to my little friends, the hummingbirds of Panama.

7

Introducción

EN EL AÑO 1905, fue Inglaterra el primer país europeo que exhibió colibríes. Sin embargo, no se sabía suficiente acerca del cuidado y la alimentación de estas maravillosas criaturas. El primer espécimen fue un Colibrí Coruscans, pero después de estar en exhibición en Londres por dos semanas, murió debido a una dieta inapropiada y no fue hasta 1928, cuando los colibríes aparecieron de nuevo en Europa. Afortunadamente, para esa época, ya se entendía más acerca de sus necesidades especiales de alimento y cuidado, y después que los jardines zoológicos de Inglaterra y Alemania habían dominado el arte de mantenerlos vivos, aparecieron también en 1935, en el jardín zoológico de Copenhague, en Dinamarca, y fue todo un éxito.

Nunca olvidaré la primera vez que vi esta nueva exhibición. Yo, por supuesto, estuve en el zoológico muchas veces antes, y ciertamente la mayoría de los animales que habían allí eran extraordinarios. Los elefantes, tigres, avestruces y pavorreales son imponentes tanto para los niños como para los adultos de todo el mundo, pero eso es precisamente lo que uno espera encontrar en un zoológico. Por esta razón, me sorprendí muchísimo cuando vi por primera vez los colibríes en una jaula de vidrio, tanto que me parecía imposible creer que fueran en realidad criaturas vivientes. Parecían más bien juguetes centelleantes en su ambiente florido, y me resultaba difícil creer que habían sido traídos de algún rincón lejano del mundo, donde eran un espectáculo tan común como lo era ver un gorrión. Por consiguiente, nuestro primer encuentro fue inolvidable y me han fascinado los colibríes desde entonces. Uno puede leer de cosas tan extrañas, pero eso no significa que se esté mentalmente capacitado para entenderlas. Esta familia de pájaros se encuentra solamente en las Américas, en donde más de 356 especies diferentes han evolucionado a través de los milenios, y debido a su gran consumo de energía, no pudieron llegar a otros continentes por sus propios medios. Fue solamente después de haber sido capturados y llevados a través del océano, que la gente del Viejo Mundo tuvo la oportunidad de presenciar la belleza de estas minuciosas criaturas, aunque siempre en cautiverio.

Mi primera oportunidad de observar a un colibrí en su propio medio ambiente la tuve en California, y este encuentro fue tan extraño e inolvidable como en el zoológico. Me alojaba en la casa de un profesor de la Universidad de Stanford y me encontraba tranquilamente leyendo en mi cuarto con la ventana abierta hacia el jardín. Afuera un colibrí estaba volviendo loco al gato de la familia, volándole muy cerca de la cabeza. De pronto, el gato comenzó a emitir sonidos extraños mostrando una gran excitación. Corrí afuera y me encontré con que, por supuesto, el gato se las había arreglado finalmente para poner fuera de combate al pajarito con un golpe de suerte y ahora había comenzado a jugar con su víctima, de la típica manera felina. El gato estaba tan orgulloso de su caza que me dejó agarrarlo, probablemente pensando que yo me uniría a su juego.

Al momento en que levanté al pequeño colibrí estaba inmóvil y húmedo por la saliva del gato. Solamente un leve movimiento de los párpados revelaba que aún estaba vivo. Afortunadamente se me ocurrió tratar de revivirlo. La dueña de la casa me trajo un poco de miel de abeja que mezclé con agua en una cuchara y la sostuve frente al pico. Milagrosamente, la pequeña lengua salió y comenzó a chupar el néctar casero. Después de 15 minutos el pajarillo podía sostenerse recto sobre un lápiz que yo estaba sosteniendo, y una hora después del ataque se había recuperado lo suficiente para volar desde el techo de la casa, aunque sin el acostumbrado despliegue de supremacía aérea. Cuando lo alcé por primera vez del piso, nunca pensé que volaría de nuevo, pero ésta era sólo la primera vez que yo presenciaba los extraordinarios poderes de recuperación de los colibríes.

Desde entonces he tenido varias oportunidades de observar la increíble vitalidad de estos pequeños dínamos. Eventualmente, el resultado final, quizás inevitable fue

Introduction

Lampornis castaneoventris
? White-Throated Mountaingem

ENGLAND WAS THE first European country to exhibit hummingbirds in 1905. However, we did not know enough about the care and feeding of these wonderful creatures. The first specimen was a Sparkling Violetear, but after being on display in London for two weeks, it died due to improper diet, and it was not until 1928, when the hummingbirds appeared again in Europe. Fortunately, at that time, we understood more about their special needs for food and care, and after the zoological gardens of England and Germany had mastered the art of keeping them alive, they also appeared in 1935, at the zoo in Copenhagen in Denmark, and it was a huge success.

I will never forget the first time I saw them in a brand-new exhibit. I had visited the zoo many times before, and all the animals and birds were wonderful discoveries. Elephants, monkeys, camels, tigers, ostrich-es and peacocks are impressive for children of all ages, but they soon become just what one expects to find in a zoo. It was infinitely more exciting to watch the tiny hummingbirds, scintillating in their glass cages and almost impossible to comprehend that these tiny toys were actually living creatures, and even more difficult to accept that they were as common as sparrows in some distant corner of the world. Consequently, our first meeting became an unforgettable event, and I have been "hooked on hummingbirds" ever since. One can read about these tiny, vivacious birds and still not fully understand or accept them. They are only found in the Americas, where they evolved over millions of years, and their family numbers more than 356 different species. Because of their large energy consumption, they were unable to reach other continents on their own. So it was only after being captured and tak-

cuando mi destino me llevó a Latinoamérica, decidí aprender todo cuanto pudiera acerca de las "joyas voladoras". Por lo que en este libro se presentarán estos descubrimientos informales que resultaron de mis esfuerzos.

En este contexto debo mencionar, que para tomar las fotos de las joyas voladoras que aparecen en este libro tuve inicialmente que usar una cámara profesional "Hasselblad", el cual comió montones de rollos de película "Extachrome" de Kodak para producir unas pocas imágenes buenas. Además fue siempre necesario llevar una gran cantidad de accesorios fotográficos, tales como trípodes, flashes, baterías, cables y una enorme pantalla. Al mismo tiempo, la selección de la película fue un compromiso entre rapidez y resolución de gran importancia, ya que las películas más rápidas tuvieron una resolución inferior. Sin embargo, algunas de las fotos que aparecen en este libro son pruebas elocuentes de que estos problemas pudieron ser resueltos.

Pero aunque el proceso fotográfico con luz artificial produjo resultados de buena calidad, tenía en mi opinión la grave des-ventaja de que las imágenes inevitablemente aparecieran artificiales debido a que los colibríes fueron iluminados por dos o tres diferente lámparas electrónicas y no solamente por la luz del sol. Afortunadamente, el desarrollo de la tecnología de la fotografía durante los últimos años ha cambiado todo eso con la creación de cámaras digitales. Estas cámaras no utilizan películas reveladas con químicos y son capaces de producir excelentes imágenes de los colibríes con una iluminación natural y sin luz artificial. Debido a este cambio, las imágenes de las aves panameñas en este libro los demuestran tal como aparecen en su ambiente natural y no como si hubieron sido tomados en un estudio fotográfico. Otra ventaja es que las camaras digitales, aún de alta calidad, son más economicas y las imágenes aparecen instantáneamente sin la necesidad de ningún revelado.

Con estas pocas palabras explicativas espero solamente que este libro haga ganar muchos más amigos a los espléndidos pajarillos, amigos que ayuden a apreciar y proteger a estas aves y por ende el ambiente donde todos tenemos que vivir.

Glaucis hirsuta
Rufous-breasted Hermit

en across the ocean that people of the Old World had the opportunity to witness their exquisite beauty in captivity.

My first opportunity to observe a hummingbird in its own environment was as an exchange student in California, and this encounter was as unforgettable as the first. I was living in the home of a professor at Stanford University and was reading with the window open to the garden, when I noticed a hummingbird making dangerous passes at the family cat. After watching them for a while, I went back to reading, until the cat began to make strange sounds, showing great excitement. I ran outside and discovered that the cat had finally managed to put the bird out of action with a lucky strike and had begun to play with its victim, as cats do. It was so proud of its success, that it let me pick the victim up, probably thinking that I was going to join the game.

The little creature was virtually immobile and very wet from the cat's saliva. Only a slight movement of the eyelids revealed that it was still alive, and I immediately tried to revive it. My landlady brought some honey, which I mixed with water in a spoon and held against the beak of the hummer. Miraculously, the little tongue came out and began to suck the nectar it so desperately needed. Little by little the bird regained its strength, and after some fifteen minutes it was able to sit straight on a pencil I was holding. And another hour after the attack, it had recovered sufficiently to fly away over the roof of the house. When I first picked it up, I never thought the little fellow would ever fly again, but this was only the first time I witnessed the extraordinary recuperative powers of hummingbirds.

I have since had several more opportunities to witness the amazing vitality of these little dynamos. It began when I was working in South America and decided that now the time had come for me to learn all I could about the "flying jewels." And this book presents the findings that emerged together with images I accumulated in the process.

In this context, I should mention that for taking photos of the flying jewels in this book, initially I had to use a professional Hasselblad camera that ate lots of rolls of Kodak Extachrome film in order to produce a few good images. I also had to carry lots of photographic accessories, such as tripods, flashes, batteries, cables and a huge screen. At the same time, selection of the film was an important compromise between speed and resolution, since the faster film had a lower resolution. However, some of the photos in this book are eloquent evidence that these problems could be solved.

But although the photographic process with artificial light produced good quality results, in my opinion, a serious disadvantage is that inevitably the images appear artificial because the hummingbirds were illuminated by two or three different electronic lamps and not only by sunlight. Fortunately, the development of photographic technology in recent years has changed all that with the creation of digital cameras. These cameras do not use films processed with chemicals and are capable of producing excellent images of hummingbirds in natural light. Because of this change, the Panamanian bird images in this book are shown as they appear in their natural environment and not as if they had been taken in a studio. Another advantage is that digital cameras produce high quality images more economically because the images appear instantly without the need for any development.

With these few words of explanation, I hope this book will attract many more friends for these splendid birds, friends who will appreciate and protect them and the environment in which we all have to live.

¿Qué es un Colibrí?

CRÉALO O NO, los colibríes son tan importantes para nuestro planeta como las refinerías de petróleo que en el pasado yo diseñaba y operaba. Muchas personas se sorprenden cuando hago esta afirmación, especialmente aquellos que podrían tener dificultades para reconocer un colibrí. Así que trataremos de describir lo que hace que los colibríes sean como son.

Primero debo mencionar que los colibríes pertenecen a una de las más numerosas familias de aves en el mundo, contando con unas 356 especies. De este número, más de 59 viven o han sido observados en Panamá. Esta notable familia se halla exclusivamente en el Nuevo Mundo y la mayoría de las diferentes especies están concentradas en los trópicos. Y muchas son de un tamaño tan pequeño, que a veces se confunden con insectos grandes. Pero la pequeñez no es una regla general, ya que el Colibrí Gigante, *Patagona gigas*, tiene casi la misma longitud que un estornino y pesa unos 20 gramos. En comparación, el Colibrí Abeja, de Cuba, es el pájaro más pequeño del mundo, siendo su longitud ligeramente mayor de 5 centímetros y su peso inferior a los 2 gramos.

Podemos también hacer algunas observaciones generales acerca de su color. Aunque frecuentemente de lejos parecen negros, la mayoría son de color verde metálico por arriba, y cuando se observan de cerca, a la luz del sol, exhiben tonos azulados brillantes, especialmente en la corona y el cuello. Pero no todos los colibríes tienen este brillante colorido. La mayoría de las hembras, por ejemplo, son de color relativamente opaco, y solamente unas pocas son tan llamativas como sus consortes. Existen también varias especies en las que tanto la hembra como el macho son de colores corrientes, opacos, así que no podemos con toda certeza decir que todos tienen colores tornasolados brillantes, para describir a toda la familia. Encontramos, en otras palabras, que la familia de los colibríes es también notable por sus contradicciones, de manera que siempre que tratamos de generalizar nos encontramos con muchas excepciones. El ornitólogo John J. Audubon describió al colibrí como un fragmento resplandeciente del arco iris, una bellísima y diminuta criatura que vuela en el aire con pequeñas alas, revoloteando graciosamente de una flor a otra. En la Francia del siglo 18, el naturalista Buffon consideró que los colibríes eran las criaturas más elegantes de la forma y el color.

No soy yo el único admirador de las joyas voladoras, ya que en efecto, hay personas amantes de estas aves, que han dedicado toda su vida al estudio de sus enigmáticos secretos. Sin embargo, la mayor parte de sus esfuerzos se limitaron a la descripción y clasificación de las numerosas especies existentes. Pero el premio por descubrir la mayor parte de los secretos tan bien guardados de los colibríes, debe concederse a un capitán de la industria hoy en día, Crawford H. Greenewalt. Con la ayuda de quien fue quizás el mejor experto en colibríes en el mundo, el doctor Augusto Ruschi de Brasil, Greenewalt logró descubrir los misterios de sus colores brillantemente tornasolados, de su increíble agilidad en el vuelo y de su extraordinario metabolismo. Volveremos más tarde a estos descubrimientos.

Mientras proseguimos con el tema de definir qué es un colibrí, vale la pena escuchar lo que Greenewalt dijo al respeto:

> Si usted ve a un pájaro muy pequeño revoloteando, con el cuerpo inmóvil delante de una flor, entonces usted ha visto un colibrí, esté usted en Sasketchewan, Ecuador o Tierra del Fuego. Su método de vuelo es único. Todos los colibríes revolotean; ningún otro pájaro revolotea tan consistente o tan eficientemente.

Habiendo finalmente logrado definir el único lazo común que une a toda la familia, podemos proceder a discutir otras características que comparten en varios grados y las particularidades que sirven para distinguirlos.

What is a Hummingbird?

Chlorostilbon mellisugus

BELIEVE IT OR NOT, hummingbirds are as important to our planet as the oil refineries I once used to design and operate. I see a lot of astonishment when I make this statement, especially from people who in most cases wouldn't be able to recognize a hummingbird if they saw one. So let's try to formulate a definition to describe what makes hummingbirds what they are.

To begin with we know that the hummingbird family is one of the most numerous in the avian world with more than 356 known species. They are only found in the New World and most of the species are found in the Tropics. We also know that many of them are so small, that they at times are mistaken for large insects. But smallness is not a general rule. The Giant Hummingbird, *Patagona gigas*, is about the same length as a starling and weighs about 20 grams. In comparison, the Bumblebee Hummingbird in Cuba is the world's smallest bird, being no more than 5 centimeters long and weighing less than 2 grams.

We can also make some general comments about their color. Although from afar they often seem to be black, most of them display a metallic green color when seen from behind, and when illuminated by direct sunlight, some may suddenly show brilliant flashes in all the colors of the rainbow. But not all hummingbirds have this brilliant color. Most of the females, for example, are relatively opaque in color, and only a few are as striking as their consorts. There are also many species in which both the female and male are the current color, opaque, so that we cannot with certainty say that they have brilliantly iridescent colors to describe the whole family. We found, in other words, that the family of hummingbirds is also notable for its contradictions, so that whenever we

13

Aun sus nombres transmiten parte del misterio y la magia que los rodea. En Panamá se conocen como Visita-Flores, en España un colibrí es un Picaflor y en Brasil es un Beijaflor. Los franceses los llaman Oiseaumouche, que se traduce como "pájaros mosca". En algunas antillas del Caribe se conocen como Murmures y en Cuba como Zum-Zum. Sin embargo, Colibrí fue el nombre que los indios caribes les dieron y cuyo uso ha logrado extenderse por todo el mundo.

Continuemos pues nuestra búsqueda del por qué estas pequeñas criaturas son tan extraordinarias.

Anthracothorax veraguensis

Veraguan Mango

14

try to generalize on the basis of simplified observations, we find many exceptions. The ornithologist John J. Audubon described the hummingbird as a resplendent piece of the rainbow, a beautiful tiny creature that flies in the air with small wings, flitting gracefully from one flower to another. In 18ᵗʰ century France, the naturalist Buffon believed that hummingbirds were the most elegant creatures in form and color.

Obviously, I'm not the only fan of these unique flying jewels. In fact, there are examples where people who love birds have dedicated their whole lives to the study of the hummingbird's enigmatic secrets. However, the bulk of their efforts were limited to the description and classification of the existence of its many species. But the prize for discovering the most well kept secrets of hummingbirds must be given to a captain of industry today, Mr. Crawford H. Greenewalt. With the help of one of the world's biggest experts on hummingbirds, Dr. Augusto Ruschi of Brazil, Greenewalt managed to discover the mysteries of its brilliantly iridescent colors, its incredible agility in flight and its extraordinary metabolism. We shall return later to these discoveries.

As we continue with the theme of defining what a hummingbird is, Greenewalt said:

If you see a very small bird fluttering, his body motionless in front of a flower, then you've seen a hummingbird, whether you're in Saskatchewan, Ecuador or Tierra del Fuego. Their flight method is unique. All hummingbirds flit; any other bird flutters as consistent or as efficiently.

Having finally managed to define the only common bond that unites the whole family, we can proceed to discuss other characteristics shared in varying degrees and characteristics that serve to distinguish them.

Even their names transmit part of the mystery and magic that surrounds them. In Panama they're known as Flower Visitors, in Spain hummingbirds are Flower Stickers, in Brazil they are Beautiful Flowers, and in France they are called Fly-Birds. In some Caribbean Antilles islands, they are known as Murmurs and in Cuba as Zum-Zum, but *Colibri* was the name the Carib Indians gave them, and this name has spread around the world.

Let's continue our quest for why these little creatures are so extraordinary.

Chlorstilbon mellisugus

Plumaje y otros adornos

NOMBRES TALES COMO Esmeralda Colia-zul, Topacio Rubí y Zafiro de Elicia hacen evidente que en un buen número de casos los colores de nuestros fulgurantes pájaros miniatura están entre sus características más notables. Frecuentemente ha sido necesario tomar prestada la terminología de los joyeros y minerólogos, con el fin de lograr un nombre que los describa en forma apropiada. En ningún caso que conozca, hay razón para sospechar que hay la más mínima exageración en los nombres que comparan al que lo lleva, con las más finas joyas de la naturaleza. Solamente el rubí más perfecto puede igualar la iridiscencia del pájaro que lleva su nombre. El mismo principio se aplica al Zafiro Cola-dorada y al Estrella Garganta de Rubí.

Conociendo la reputación de los colibríes de tener un colorido excepcional, mucha gente queda algo decepcionada cuando ve uno de ellos por primera vez. Esto se debe a que ellos sólo revelan su extraordinaria belleza bajo condiciones especiales de luz. Con el fin de poder observar todo el esplendor de sus maravillosos colores, es necesario que el espectador se coloque frente a un racimo de sus flores favoritas, de manera que el sol llegue directamente detrás de él, y luego tendrá que esperar pacientemente hasta que uno de los pájaros visite esa área en particular. Aún así, los brillantes colores aparecen solamente cuando el pájaro dé la vuelta directamente hacia el espectador. Pero si éste tuvo la suerte de darse cuenta de este esquema tan complicado, verá de pronto la corona y el collar - usualmente las partes más resplandecientes del colibrí macho - brillando con el más intenso verde metálico, azul, magenta o rubí como si un interruptor eléctrico los hubiera encendido. Aún así este espectáculo dura brevemente, ya que al primer movimiento del cuerpo del pájaro, se extingue tan rápidamente como apareció.

Mis instrucciones pueden parecer algo complicadas para personas que quieren observar los colibríes en su jardín. Más adelante trataré de explicar porqué los colores de apariencia metálica de los colibríes so-lamente aparecerán bajo estas condiciones tan especiales. Pero aún así es muy fácil crear un hábitat de colibríes con varios puestos de observación en un jardín de casi cualquier tamaño. Únicamente se necesita sembrar árboles o arbustos con sus flores favoritas, en lugares en donde la luz directa del sol pueda alcanzarlos directamente detrás de los observadores, sentados cómodamente en una terraza o un patio. Muchas de estas flores aparecen en este libro y cualquiera que siga mi consejo de sembrarlas en su jardín, pronto se verá recompensado por las frecuentes y regulares visitas de las vivaces criaturitas.

Al mismo tiempo habrá ofrecido una valiosa contribución a la conservación de una de las formas más encantadoras de nuestra vida silvestre, al haber restaurado parte de la vegetación tan vital para la supervivencia de los colibríes, la cual fue destruida por la construcción de nuestras ciudades de concreto y asfalto. Y este tipo de contribución, sobre todo cuando se practica por muchos dueños de jardines, tendrá también otro gran valor debido al importante servicio que realizan los colibríes. Poca gente lo sabe, pero casi toda la fauna de nuestro planeta solamente puede existir y sobrevivir con los servicios de polinización de las abejas y los colibríes.

La participación de los colibríes se desarrolló durante millones de años. Al principio ciertas aves descubrieron sin duda la presencia de néctar con un alto contenido de energía en varias flores y decidieron aprovecharse del mismo conjuntamente con las abejas. Luego se hicieron cargo de ellas las fuerzas evolutivas y poco a poco comenzó una adaptación simultanea entre las flores y los colibríes con el resultado que más y más flores solamente pudiesen ser polinizadas por estas aves especializadas. Al mismo tiempo ellos desarrollaron alas más fuertes y mejoraron sus habilidades de volar al aprender como revolotear frente a las flores durante su cosecha del néctar. Otro resultado de la evolución fue que los tamaños y las formas de sus picos fueron cambiados para facilitarles un acceso más

Plumage and Other Adornments

Amazilia tsacatl
Rufous-tailed Hummingbird

NAMES SUCH AS Blue-tailed Emerald, Ruby-throated and Sapphire-breasted Hummingbird make it clear that in a number of cases the colors of our dazzling miniature birds are among its most notable features. It has often been necessary to borrow the terminology of jewelers and mineralogists in order to achieve a name to describe them properly. I have no reason to suspect that there is any exaggeration in comparing the names of these birds with the finest jewels in nature. Only the most perfect ruby can equal the iridescence of the Ruby-throated Hummingbird, and the same can be said about the Ruby-Topaz and the Golden-tailed Sapphire.

Many people who know the reputation of the exceptional coloring of hummingbirds are left somewhat disappointed when they see one for the first time because hummingbirds only reveal their extraordinary beauty under special lighting conditions. In order to observe the splendor of their wonderful colors, the viewer must stand in front of a bunch of their favorite flowers with the sun directly behind, and then wait patiently until one of the birds visits that particular area. Even so, the bright colors appear only when the bird faces directly at the viewer. But if he is lucky enough to satisfy this complicated scheme, he will suddenly see the crown and chest, usually the brightest parts of the male hummingbird, turn the most intense shining metallic green, blue, magenta or ruby as if a switch had turned on the electricity. Yet the show may only last a very short while, as it is extinguished as quickly as it appeared with the first movement of the bird's body.

My instructions may seem somewhat complicated for people who want to observe the hummingbirds in their garden, so I will

fácil a los depósitos de néctar en una gran variedad de flores. Y los colibríes tienen otra ventaja importante sobre las abejas, ya que siguen visitando flores durante lluvias, mientras las abejas tienen que regresar a sus colmenas. Este desarrollo evolutivo sin duda ocurrió para proporcionar a la naturaleza una opción adicional para asegurar la sobrevivencia de la flora y fauna de nuestro planeta, el cual eventualmente afectó un gran número de aves y plantas. Y eso también implica que si acabamos con los colibríes que polinizan esas flores, sus árboles o arbustos también se exterminan.

Pero regresemos primero a ese mecanismo especial que parece encender y apagar los excepcionalmente brillantes colores del colibrí como por arte de magia. Qué diferentes son estos colores de los colores brillantes de tantos otros pájaros como los gonzalitos, que pueden verse en todo momento y que se muestran casi iguales desde cualquier ángulo. La razón es que estos colores más convencionales, son producidos normalmente por pigmentos, que también producen los colores de los objetos naturales tales como las flores y los artefactos hechos por el hombre, incluyendo todas las superficies

pintadas y los textiles teñidos. Los pigmentos trabajan absorbiendo ciertas longitudes de ondas de luz "blancas" producidas por el sol, mientras que reflejan las longitudes de onda rechazadas o el resto de la luz del sol en todas direcciones, de manera que el tono o color de una superficie pigmentada difícilmente cambia cuando se observa desde diferentes ángulos. Un fenómeno similar hace que los océanos y el cielo parezcan azules, porque la porción roja de la luz del sol es absorbida por el agua del mar y solamente el azul es reflejado para iluminar el cielo. Este efecto no es producido, sin embargo, por la existencia de pigmentos en el mar, sino porque la sal, que está siempre presente en el agua de mar, tiene una tendencia similar de absorber las ondas de luz en la parte roja del espectro solar.

Por otro lado, los colores brillantes del colibrí son producto de otro proceso óptico. Son creados por la estructura de los cuerpos que son en sí mismos incoloros. Estos son iridiscentes por naturaleza, y varían con el ángulo desde el que la luz los alcanza y desde el que son observados. Todos nosotros hemos visto esto, en los reflejos de una burbuja de jabón o de una película de

Anthracothorax veraguensis
Veraguan Mango

try later to explain why the metallic hummingbird colors only appear under these special conditions. Even so it's still easy to create a hummingbird habitat with several observation posts in a garden of almost any size. One only needs to plant trees or shrubs with their favorite flowers, in places where direct sunlight can reach them from directly behind the observer, who can then sit comfortably on his or her patio or terrace. Many of these flowers are mentioned or shown in this book, and anyone who follows my advice to plant them in their garden will soon be rewarded by frequent, regular visits of these delightful creatures. At the same time they will have offered a valuable contribution to the conservation of one of the most charming members of our fauna by restoring the vegetation, which is so vital to the survival of hummingbirds, and which we destroyed with our construction of concrete cities and asphalt roads. This type of contribution, when provided by garden owners also has another great value because of the pollination service rendered by hummingbirds. Few people realize that most of the flora of our planet can only continue to exist and survive with the pollination services of bees and hummingbirds.

The participation of hummingbirds evolved over millions of years ago. At first, certain birds probably discovered the presence of nectar with a high energy content in various flowers and decided to take advantage of it, together with the bees. And then evolutionary forces took over which led to a gradual adaptation between flowers and hummingbirds, with the result that more and more flowers could only be pollinated by these birds. At the same time they developed stronger wings, improved their flying skills and learned how to hover in front of these flowers so as to gather their nectar. Another result of evolution was that the sizes and shapes of their beaks were modified to facilitate easier access to the nectar deposits in a large variety of flowers. And hummingbirds have another advantage over the bees, as they continue visiting flowers when it rains, while bees have to return to their hives. This evolutionary development prob-

ably occurred to provide nature with an additional alternative to ensure the survival of the flora and fauna of our planet, and it eventually affected a large number of birds and plants. It also means that if we exterminate the hummingbirds, the flowers, trees or shrubs, which only they can pollinate, will also be exterminated.

But let's get back to that special mechanism that seems to turn the exceptionally bright colors of the hummingbirds on and off as if by magic. How different are these colors from the bright colors of many other birds, such as the tanagers, which can be seen at all times and from any angle. That is because these conventional colors are normally produced by pigments, which also produce the colors of natural objects such as flowers and man-made objects, including all painted surfaces and dyed textiles. Pigments work by absorbing certain wavelengths of sunlight, while they reflect the rejected wavelengths or the remaining sunlight in all directions, so that the color of a pigmented surface hardly changes when viewed from different angles. A similar phenomenon causes the oceans and the sky to appear blue because the red portion of sunlight is absorbed by seawater and blue is reflected only to illuminate the sky. This effect is not produced, however, by the presence of pigments in the sea, but because the salt that is always present in seawater has a similar tendency to absorb the light waves in the red part of the solar spectrum.

Nevertheless, the bright hummingbird colors are produced by another optical process. They are created by the structure of the bodies that are themselves colorless. They are iridescent in nature, and vary with the angle from which the light reaches them and from which they are observed. All of us have seen this in the reflections of a soap bubble or an oil film on water. Structural colors can result from the refraction of light, as when a prism breaks white sunlight into its various components, individually colored, which are every color of the rainbow. The rainbow itself is another example of structural colors, and is caused by a combination of reflection and refraction. Hum-

aceite sobre el agua. Los colores estructurales pueden resultar de la refracción de la luz, como cuando un prisma descompone la luz blanca del sol en sus múltiples componentes, individualmente coloreados, que forman todos los colores del arco iris. El arco iris mismo es otro ejemplo de colores estructurales, y es causado por una combinación de reflejo y refracción. Los colores del colibrí pertenecen a un tercer grupo, producidos por interferencia. Esto ocurre cuando las ondas de luz se reflejan sobre ellas mismas en una forma especial, de manera que la cresta de la onda entrante coincide con la depresión de la onda reflejada y las dos cancelan el efecto, la una en la otra.

Esto es lo que sucede cuando la luz blanca es reflejada de una superficie de agua a través de una película delgada de aceite, de manera que ciertas longitudes de onda, que corresponden al espesor de la película son removidas, mientras que el resto de la luz reflejada produce el efecto visual de un cierto color. Debemos el conocimiento de cómo las plumas del colibrí obtienen su color a través del mismo proceso por el cual se producen los colores en una película delgada de aceite en el agua, a las investigaciones de Crawford Greenewalt. Los detalles de sus descubrimientos están mucho más allá del alcance de esta discusión, pero para quien esté interesado, el recuento de los descubrimientos en su libro *Hummingbirds* es un fascinante tema de lectura.

Aquí es suficiente señalar que el método escogido por la naturaleza para producir los esquemas del color de los colibríes es tan elegante y refinado, como todos los otros detalles que distinguen a estas extraordinarias criaturas. Antes de abandonar el tema, es necesario mencionar otro descubrimiento de Greenewalt. Él halló que en la resplandeciente garganta o corona de los colibríes, la superficie externa de sus plumas se asemeja a diminutos espejos planos, los cuales reflejan la luz incidente en una dirección especial. Es esta circunstancia la que causa los sorprendentes cambios en el color y en su intensidad cuando el pájaro gira enfrente del espectador. También los colores de la parte posterior de los colibríes

se producen por interferencia, pero aquí la superficie de las plumas tienen la forma de un espejo ligeramente curvado.

Como resultado estas plumas tienen colores más opacos; pero debido a la curvatura de la superficie reflectora, la luz se refleja en todas direcciones, de manera que la parte posterior, típicamente verde en la mayoría de los colibríes, es visible desde todos los ángulos. Sin embargo, no todos sus colores son producidos por interferencia. Ciertas sombras delicadas, canela, marrón y púrpura oscuro se deben a pigmentos. No tienen pigmento rojo o amarillo en su plumaje.

Además de su impresionante colorido, la mayoría de los colibríes deben su belleza a la forma aerodinámica del cuerpo, ya que su plumaje en general es utilitario. El número total de sus plumas es modesto en comparación con el de otros pájaros. Un investigador exploró el tema y descubrió que el colibrí de cuello rubí de los Estados Unidos, tenía 940 plumas, mientras que los pájaros del tamaño de un turpial tenían casi 2.000 y un cierto tipo de pollo tenía más de 8.000 plumas. Si miramos el número de plumas por área unitaria, la relación cambia, ya que el turpial, con casi 10 veces la superficie corporal de un colibrí, tiene sólo un poco más del doble del número de plumas, igual a una capa de plumas aproximadamente 5 veces más densa que la de un pájaro del tamaño del turpial. En efecto, el plumaje de los colibríes suele ser más denso que el de cualquier otro pájaro. No sería justo decir que todo su plumaje es estrictamente utilitario, porque una minoría de colibríes tienen adornos especiales, frecuentemente en la forma de crestas o copetes, abanicos en los oídos, plumas alargadas y modificadas en la cola y elegantes "calzoncitos" inflados. Entre las 59 especies en Panamá somos afortunados de que algunos de ellos poseen varios adornos especialmente llamativos. Uno de ellos es el Orejivioláceo Verde, el cual muestra cubiertas iridiscentes en forma de abanico en los oídos, las cuales, en momentos de excitación, suelen levantarse en ángulo recto hacia la cabeza, en señal elocuente de pasión o ira.

Es también sorprendente que no sólo

mingbird colors belong to a third group produced by interference. This occurs when light waves are reflected on themselves in a special way, so that the incoming wave crest coincides with the depression of the reflected wave and the two cancel the effect of the one into the other.

This is what happens when white light is reflected from a water surface via a thin oil film, so that certain wavelengths, corresponding to the thickness of the film are removed, while the rest of the light reflected produces the visual effect of a certain color. We know that hummingbird feathers get their color through the same process that colors occur in a thin oil film on water from Crawford Greenewalt's investigations. The details of his findings are far beyond the scope of this discussion, but for anyone interested, the account of his findings in his book *Hummingbirds* is fascinating reading.

It is here sufficient to say that the method chosen by nature to produce the hummingbird color schemes is as elegant and refined as all the other details that distinguish these extraordinary creatures. Before leaving the subject, it is necessary to mention another Greenewalt discovery. He found that in the glittering throat or crown of the hummingbird, the outer surface of its feathers resembles tiny flat mirrors, which reflect incident light in a particular direction. It is this fact that causes striking changes in color and intensity when the bird turns in front of the viewer. The interference colors also appear on the back of the hummingbirds, but here the surface of the feathers is shaped like a slightly curved mirror.

As a result, the colors of these feathers are more opaque, but due to the curvature of their surface the light is reflected in all directions, so that typically the green on the back of most hummingbirds is visible from all directions. However, not all their colors are produced by interference. Certain delicate shades of tan, brown and dark purple are due to pigments, while there is no red or yellow pigment in their plumage.

In addition to their impressive coloring, most hummingbirds owe their beauty to the aerodynamic shape of their body, as their plumage in general is utilitarian. The total number of their feathers is modest compared with that of other birds. A researcher studied the subject and found that the

Lampornis castaneoventris
White - throated Mountaingem

los machos sino también las hembras de algunos de los colibríes Ermitaños presentan plumas igualmente largas en la cola, porque debe ser algo complicado acomodar tal símbolo de elegancia en el nido durante la incubación. También podríamos pensar que tal sumisión a las demandas de la elegancia podría interferir con su habilidad para volar, pero por el contrario he observado que el Ermitaño Verde es tan veloz y activo en el aire como los otros de su clase. Sin embargo, en la mayoría de los casos se nota que el desarrollo evolutivo ha hecho que la hembra pierda esas características de colorido brillante y de adornos, que atraerían una atención indeseada sobre su presencia en el nido. De todos los colibríes residentes en Panamá, el Topacio Rubí es tal vez el que tiene el colorido más resplandeciente. Las plumas de su copete definitivamente tienen un color como un rubí, con las plumas exteriores mucho más largas que el resto y terminando con discos en forma de raqueta de color negro púrpura en el extremo.

Pero es cierto que otras especies también tienen coloridos increíbles como el Jacobino Nuquiblanco. El pico es otro ejemplo de una característica que presenta sorprendentes diferencias de una especie a otra. Un ejemplo panameño es el Ermitaño Piquilargo, con un pico bastante más largo que la mayoría. Otros pájaros pueden tener picos que miden solamente la mitad de esa longitud, de manera que nos estamos enfrentando a una de las características más variable de la familia. Además, algunos los tienen curvados hacia arriba y otros hacia abajo, en mayor o menor grado. Esta notable diferenciación ha evolucionado, por supuesto, conjuntamente con la adopción por parte de especies individuales, de algunas flores favoritas y esto, a su vez, permite un cierto grado de coexistencia pacífica entre estas especies que ya no tienen que competir por el mismo alimento.

Como veremos más adelante, todos los colibríes cuidan celosamente su territorio, y frecuentemente un macho no comparte las riquezas del territorio escogido ni con la hembra que está criando a su propia prole. Esta hostilidad territorial se hace menos pronunciada, sin embargo, entre especies ampliamente diferentes, como por ejemplo los pequeños Esmeraldas y los Ermitaños. Es bastante obvio que los Ermitaños están bien equipados para extraer el néctar

Chlorostilbon mellisugus

22

Ruby-throated Hummingbird of the United States had 940 feathers, while birds the size of an oriole had nearly 2,000; and some types of chicken had over 8,000 feathers. However, looking at the number of feathers per unit area, the relationship changes, as the oriole, with nearly 10 times the body surface of a hummingbird, has only a bit more than twice the number of feathers, so that the hummingbird plumage is about 5 times denser than that of an oriole. Actually, the hummingbird plumage is usually denser than that of other birds, but it wouldn't be fair to say that all this plumage is strictly utilitarian, because some hummingbirds have special ornaments, often in the form of ridges or tufts, fans in the ears, modified elongated tail feathers and elegant inflated "panties." Among the 59 species in Panama, we are fortunate that some of them have several particularly striking ornaments. One of them is the Green Violetear, who displays iridescent fan-shape covers over each ear, which it raises at right angles to its head in moments of excitement as an eloquent sign of passion or anger.

It is also surprising that not only the males but also some female Hermits display equally long tail feathers, as it must be rather complicated to accommodate this symbol of elegance in the nest during incubation. You might therefore think that this submission to the demands of elegance would interfere with their ability to fly, but I have found that the Green Hermit is as fast and agile in the air as the others of its kind. However, in most cases it appears that evolution has caused the females to lose certain features like bright and colorful ornaments, which might attract unwanted attention to their presence in the nest. Of all the native Panamanian hummingbirds, the Ruby Topaz is perhaps the one with the brightest colors. The feathers on the top of its head are definitely ruby-red with the outside longer than the rest and ending in dark purple-colored racket-shaped disks.

But it is true that other species also have incredible colors, such as the White-necked Jacobin. The bill is another example of a feature that has striking differences from one species to another. One such example is the Long-billed Hermit, which has a bill longer than most. Other birds may have bills that measure only half that length, so that we are here facing one of the most variable characteristics of the family. Furthermore, some bills are curved upwards and others down, to a greater or lesser degree. This remarkable differentiation has of course evolved together with their adaptation to their favorite flowers, which in turn allows a degree of peaceful coexistence between different species, as they now don't have to compete for the same flowers.

All hummingbirds jealously guard their territory, and often a male does not share his own riches even with the female who is raising their offspring. However, this territorial hostility becomes less violent between widely different species, such as the small Emerald Hummingbirds and the Hermits. It is obvious that the Hermits are equipped with longer beaks to extract the nectar from flowers that are out of reach for the Emeralds. It is interesting to see how Mother Nature wisely softened the effects of a too strict territorial zeal by locating flowers that attract Hermits, such as Heliconia, near the ground; while those that attract the White-necked Jacobin generally are found high up in the tree-tops. This allows the two species to essentially occupy the same territory, but at different altitudes.

It is these differences in appearance and lifestyle that ensure the survival of some birds in arid lowland areas, while others lead a rich and enjoyable life in the cloud forest, and similarly have made life possible for certain other species in mountainous regions.

The least conspicuous hummingbird features are probably their legs and feet. Their superb flying skills and ability to feed while hovering have reduced the importance of these limbs to such an extent that they are almost exclusively used only to sit while they are sleeping or resting on a branch. Their tiny legs and sharp, pointed claws are only visible while they are sitting and disappear almost completely under their belly as soon as they start flying. Greenewalt says

de flores que son totalmente inútiles para los Esmeraldas. Es interesante observar cómo la madre naturaleza, con su infinita sabiduría, ayuda a suavizar los efectos de un celo territorial demasiado estricto, localizando las flores que atraen al Ermitaño, tales como la heliconia, cerca del suelo, mientras que aquellas otras que más frecuentemente llaman la atención del Jacobino Nuquiblanco se encuentran generalmente altas, sobre las copas de los árboles. Esto permite que las dos especies ocupen esencialmente el mismo territorio, aunque a diferentes alturas.

Es este tipo de diferencias en la apariencia y en los estilos de vida, lo que hace posible la sobrevivencia de algunos pájaros en las zonas áridas de los llanos, mientras que otros llevan una existencia rica y placentera en la selva nublada, lo que ha permitido, además, que ciertas especies se establezcan en lugares altos, como en las regiones montañosas.

La característica menos conspicua en los colibríes la constituyen sus piernas y patas, indudablemente debido a que su gran habilidad para el vuelo y su pronunciada

Anthracothorax nigricollis
Black-throated mango

tendencia a alimentarse mientras revolotean, han reducido la importancia de estas extremidades hasta tal punto, que son utilizadas para sentarse mientras están durmiendo o reposando sobre una rama, casi exclusivamente. Mientras están sentados, solamente son visibles las diminutas patas y sus garras cortantes y puntiagudas; tan pronto inician el vuelo, casi desaparecen al ser recogidas y escondidas bajo las suaves plumas del vientre. Greenewalt dice que las patas son tan débiles que ellos no pueden caminar en la forma corriente, aunque no considero que esto sea correcto. Ellos son capaces de descansar en una pata, mientras utilizan la otra para rasparse el pico o arreglar el plumaje. Esta habilidad es importante, ya que ningún otro pájaro puede limpiar y componerse las plumas de la cabeza o la garganta, y mientras más largo sea su pico, mayor será la extensión de plumaje que no puede alcanzar. Solamente pueden cuidar sus cabezas rascándolas, lo cual consiguen dejando caer un ala y levantando la pata del mismo lado, por encima de ella. Esto también significa que la otra pata tiene que ser lo suficientemente fuerte para soportar todo el peso del pájaro durante esta difícil operación. También he visto algunos colibríes desplazándose por el suelo con considerable facilidad mientras toman un baño de sol.

Además tenemos el fenómeno observado por el ornitólogo William Beebe en Rancho Grande en Venezuela de los colibríes que se posan sobre ciertas flores y perforan los pétalos para extraer su néctar en lugar de utilizar el método convencional de revolotear alrededor. Sin embargo estoy de acuerdo con Greenewalt en que ningún colibrí caminará donde pueda volar, aun si la distancia es de solamente medio metro o menos. En este aspecto también, los colibríes son únicos cuando se les compara con otros pájaros. Esto forma parte de su hechizo, pero tal parece que sucede desde cualquier punto que miremos las características particulares de estas criaturas: su colorido excepcional, su exquisito plumaje o la forma elegante en que responden al reto de la supervivencia.

that their legs are so weak that they can't walk in the usual way, but I don't think that is correct. They are able to rest on one leg while using the other to clean their beak or fix their plumage. This ability is important because no bird can arrange the feathers on its head or throat, and the longer its beak, the greater the extent of plumage it can't reach. They can only scratch their heads with their feet, which they achieve by dropping a wing and lifting the leg above the wing on the same side. This also means that the other leg must be strong enough to support the whole weight of the bird during this maneuver, and I've even seen several hummingbirds moving on the ground with con-

siderable ease while taking a sunbath. We also have the ornithologist William Beebe's observation in Rancho Grande in Venezuela of hummingbirds that perch on certain flowers and drill through the petals so as to extract nectar instead hovering. But I do agree with Greenewalt that no hummingbird will walk where it can fly, even if the distance is only half a meter or less. Here too, hummingbirds are unique when compared to other birds. This is part of their magic charm, but this seems to happen when we look at any of the characteristics of these creatures: their exceptional coloring, exquisite plumage or how they respond to the challenges of survival.

Chrysolampis mosquitus
Ruby-topaz

Las alas

EL ENTRENAMIENTO DE un piloto de combate en las fuerzas armadas de los Estados Unidos requiere unos seis años de escuela primaria, otros seis años de escuela secundaria, cuatro de universidad y finalmente por lo menos otros cinco años de entrenamiento avanzado de aviación. En comparación, un colibrí tiene que graduarse con las mismas habilidades después de un curso de solamente de dos semanas, ofrecido por su madre. Desafortunadamente algunos no lo logran y se pierden, ya que los requisitos de los colibríes para volar exigen un funcionamiento superior de todo el equipo. Eso se debe a que las joyas voladoras son verdaderos maestros en el aire.

No son ellos solamente los únicos pájaros que pueden revolotear con el cuerpo inmóvil, sino también son los únicos que pueden volar hacia atrás tan diestra y eficientemente como lo hacen hacia adelante. No es sorprendente, entonces, que las alas y los músculos de las alas de los colibríes sean algo diferentes de los de otros pájaros. Para comenzar, las frecuencias de sus aletazos son bastante altos, pero esto se debe a su tamaño pequeño. Sin embargo, si comparamos un colibrí con cualquier otro pájaro del mismo peso, por regla general encontramos que aquél da menos aletazos por segundo. Esto se puede explicar si asumimos que los movimientos de las alas de colibríes son más eficientes, y esta fue exactamente la conclusión de Crawford Greenewalt después de varios experimentos. También descubrió que la razón para esta mayor eficiencia es que mientras que otros pájaros únicamente generan potencia en el movimiento descendente de las alas, los colibríes producen propulsión y fuerza ascensional con los movimientos ascendentes así como con los descendentes. Para lograr esta eficiencia aérea, los músculos de las alas del colibrí son muy grandes y constituyen entre 25 al 30% de su peso total.

Aquí puede ser de interés hacer una comparación con los humanos. Ya que nosotros usamos las piernas para desplazarnos, es razonable comparar los músculos de nuestras piernas con los de las alas de los colibríes. En nosotros, las piernas constituyen aproximadamente el 16% del peso corporal, es decir, solamente la mitad del porcentaje que hallamos en los colibríes.

Pero la superioridad aérea de los colibríes no es solamente un producto de los músculos de sus alas. Su anatomía también es diferente de la de otros pájaros. Los elementos de un ala pueden, hasta cierto punto, ser comparados con los del brazo humano con partes que corresponden al hombro, codo, antebrazo, muñeca y mano. Encontramos plumas en cada segmento. Utilizando nuestra comparación con la anatomía humana, hemos notado que todos los pájaros, excepto los colibríes, controlan los movimientos de sus alas con el hombro, codo y muñeca. El ala puede extenderse en línea recta desde el hombro hasta la punta de los dedos.

También puede doblarse en el codo y la muñeca, lo que hace el colibrí en cada aletazo. Pero en él la distribución es diferente, ya que el ala, siguiendo con la misma comparación, es casi totalmente mano. El brazo y el antebrazo son muy cortos y el codo y la muñeca no pueden doblarse libremente. El brazo y el antebrazo tienen la forma de una V sujetada al hombro por un lado y a la mano por el otro. El codo, permanentemente doblado, proporciona una estructura rígida que solamente puede moverse libremente y en todas las direcciones en el hombro. Es esta combinación de rigidez en el codo y movilidad en el hombro lo que produce la eficiencia excepcional y la agilidad aérea de estos pájaros. A medida que el ala se mueve, un músculo "depresor" la tiende hacia abajo, mientras que un músculo "elevador" ayuda al movimiento ascendente. El músculo depresor tiene un peso aproximadamente dos veces el del elevador.

En la mayoría de los otros pájaros el músculo elevador es mucho más pequeño. En los voladores más fuertes, por ejemplo, es 10% o hasta 5% del peso del músculo depresor. Como la energía muscular está ciertamente relacionada con el peso del múscu-

The Wings

Chrysolampis mosquitus
Ruby-topaz

THE TRAINING OF a fighter pilot in the Air Force of the United States requires about six years of primary school, six years of high school, four years of university, and then at least another five years of advanced aircraft training. By comparison, a hummingbird must graduate with the same skills after a training course of only two weeks, offered by his mother. Unfortunately some do not succeed and get lost because their flight requires perfection at all times, and that is why the survivors are true masters of flying in the air.

They are not just the only birds that can hover motionless in the air; they are also the only ones to fly backwards as easily as forward. So it is not surprising that the wings and wing muscles of hummingbirds are quite different from those of other birds. To begin with, their wing-beat frequency is rather high, but this is due to their small size. But if we compare the wing-beat of a hummingbird with that of another bird of the same weight, we generally find that the hummingbird makes fewer wing-beats per second. This is because their wings are more efficient and that is exactly what Crawford Greenewalt concluded from his experiments. He also found that the reason for the higher efficiency is that while other birds only generate power in the downward wing stroke, hummingbirds generate movement and lift with both their up and down strokes. They achieve this efficiency because their wing muscles are very large and constitute 25 - 30% of their total weight.

It may here be in order to make a comparison with us humans, and as we move with our legs, it is reasonable to compare our leg muscles with the wings of hummingbirds. And our legs constitute about 16% of our body weight or only half the percentage found in hummingbirds.

lo, el colibrí debe producir potencia, tanto con los movimientos de descenso como con los de ascenso de las alas. Eso explica la gran eficiencia del vuelo de los colibríes y la razón por la cual ellos pueden arreglárselas con menos aletazos con relación a su peso, en comparación con otros pájaros que derivan poca o ninguna potencia cuando las alas se mueven hacia arriba.

El vuelo de un colibrí se parece mucho al de un helicóptero. Puede moverse hacia adelante o hacia atrás, verticalmente hacia arriba o hacia abajo y puede permanecer inmóvil en el aire. El helicóptero puede levantarse directamente desde un lugar, sin necesidad de una pista de despegue y también el colibrí. En contraste, los pájaros comunes son más parecidos al avión convencional. No pueden revolotear o volar hacia atrás, están limitados al vuelo hacia adelante. En lugar de poder emplear el despegue vertical del helicóptero, los pájaros pequeños utilizan el resorte de sus piernas para lanzarse al aire con una velocidad de vuelo mínima, mientras que los pájaros más grandes, corren y mueven sus alas hasta que logran ser llevados por el aire.

Otro de los sorprendentes descubrimientos de Greenewalt, es que el número de aletazos no varía más del 5% cuando el pájaro está revoloteando inmóvil, volando hacia adelante o hacia atrás, a su máxima velocidad o cambiando de dirección para una huida repentina. El número de movimientos de las alas por segundo varía, por supuesto, de una especie a otra, y aún de un pájaro a otro; pero en cualquier pájaro este número permanece prácticamente constante sin importar lo que está haciendo. Al estudiar el vuelo de diferentes pájaros con una cámara de cine de alta velocidad, Greenewalt descubrió que una de las especies de colibríes más pequeños, mueve las alas cerca de 80 veces por segundo, mientras que el miembro conocido como el mayor de la familia, *Patagona gigas*, solamente movía sus alas alrededor de 10 o 15 veces por segundo. Esta información indica que un pájaro de tamaño mediano, con un peso de aproximadamente 4 gramos, mueve sus alas cerca de 50 veces cada segundo, mucho más rápido de lo que el ojo humano puede captar.

Hasta ahora hemos comentado la excepcional habilidad de vuelo de los colibríes, con las mismas estadísticas escuetas

Campylopterus cuvierii

But the air superiority of hummingbirds is not only a product of their wing muscles. Their anatomy is also different from other birds. The elements of a wing can, to some extent, be compared to those of a human arm, corresponding to the shoulder, elbow, forearm, wrist and hand, and we find feathers in each segment. Using this comparison with the human anatomy, we find that all birds, except hummingbirds, control the movements of their wings with shoulder, elbow and wrist. The wing can be extended in a straight line from the shoulder to the fingertips. It can also bend at the elbow and wrist, which is what hummingbirds do in each wing-beat. But theirs is a different distribution, as their wing, if we use the same comparison, is almost entirely hand. Their arm and forearm are very short and their elbow and wrist cannot bend freely. Their arm and forearm are shaped like a V attached to the shoulder on one end and to the hand on the other. The permanently bent elbow provides a rigid structure that can move freely in all directions on the shoulder. It is this combination of rigidity in the elbow and shoulder mobility that produces the exceptional efficiency and agility of these birds in the air. As the wing moves, a muscle "depressor" moves it downward while a muscle "lifter" helps the upward movement. The muscle depressor weighs approximately twice that of the lifter.

In most other birds the lifting muscle is much smaller. In the stronger fliers, for example, it is only 10% or even 5% of the depressor muscle's weight. As energy is a function of muscle weight, the hummingbirds must be generating power in both the up and down-stroke of their wings. That explains the high efficiency of their flight and why they can get by with fewer wing-beats in relation to their weight compared to other birds that derive little or no power from their up-stroke.

The flight of a hummingbird is much like that of a helicopter. They can move forward or backward, vertically up or down and remain motionless in the air. The helicopter can take off directly without needing a runway, and so can the hummingbird. In contrast, common birds are more similar to conventional aircraft. They cannot hover or fly backwards and are limited to forward flight. While not being able to imitate the helicopter's vertical takeoff, the smaller birds effectively use leg-springs to take off with a minimum flight speed, while the larger birds run and beat their wings until they get airborne.

Another of Greenewalt's surprising discoveries is that the number of their wing-beats varies no more than 5% whether the bird is hovering motionless, flying forward or backward at full speed or changing direction. Of course the number of wing-beats per second varies from one species to another and even from one bird to another, but in any bird this number remains almost constant no matter what they do. By studying the flight of different birds with a high speed film camera, Greenewalt discovered that one of the smallest species of hummingbirds moves its wings nearly 80 times per second, while the largest known member of the family, *Patagona gigas*, moves its wings only about 10 or 15 times per second. This tells us that a medium-sized bird, weighing about 4 grams, beats its wings about 50 times per second, much faster than the human eye can see.

So far we have discussed the exceptional flying skills of hummingbirds, and have also analyzed their anatomical features in an effort to explain how they achieve their air superiority. Everything we have said is true, but it is easy to destroy a legend with scientific data and we will now try to balance the account by studying some of the mystery and magic that surrounds hummingbirds in the air.

First of all, they are so incredibly fast that even people who live among them never see them. And this is no exaggeration, as I have met many who had never seen a hummingbird even in their own gardens, until I showed them.

It is their speed and agility to react to the slightest danger, which has endowed these tiny creatures with a complete confidence in themselves because they know that no other living being can match or imitate their instant reactions when they

utilizadas, por ejemplo para describir un nuevo modelo de automóvil. Hemos analizado también peculiaridades anatómicas en un esfuerzo por explicar la forma en que alcanzan su superioridad aérea. Todo lo que hemos dicho es cierto, pero es fácil destruir una leyenda con datos científicos y debemos tratar ahora de balancear la cuenta, estudiando algo del misterio y la magia que rodea a los colibríes en el aire. Primero que todo, son tan increíblemente rápidos que mucha gente que vive entre ellos nunca los ha visto. Esto no es exageración. He conocido muchas personas que nunca habían visto los colibríes en sus propios jardines, hasta que yo se los mostré.

Por supuesto, es esa velocidad y habilidad que poseen para reaccionar frente al más leve peligro, lo que ha dotado a estas diminutas criaturas de total confianza en sí mismas, porque saben que ningún otro ser viviente puede igualar sus reacciones instantáneas o alcanzarlos cuando deciden escapar. Es sólo cuando se confían demasiado, que su peor enemigo, el gato, tiene la oportunidad de ponerlos fuera de combate con un golpe de suerte, como yo lo he visto. Pero los peligros son realmente la menor de sus preocupaciones y esta clase de accidentes están reservados a menudo para los más jóvenes, con muy poca experiencia. A medida que van creciendo, su técnica de vuelo y acrobacias aéreas mejoran. Su forma favorita de huir de un ataque es un repentino giro hacia atrás, seguido por un medio giro, para no tener que continuar volando patas arriba. Igualmente increíble es la forma como pueden atravesar el follaje más denso sin tocar las ramas u hojas con sus alas. Esto sucede generalmente cuando son perseguidos por un volador de su propia clase aún más astuto, ya que ningún otro pájaro es capaz de perseguir a un colibrí por más de una fracción de segundo.

Son expertos en tomar el néctar de las flores aun cuando un fuerte viento esté soplando, aunque esto realmente no constituye un gran reto. Más les encanta demostrar sus técnicas avanzadas de vuelo y de combate aéreo cuando desean expulsar a los invasores de su territorio escogido y cuando cortejan. Si el objetivo es ahuyentar a un adversario, la maniobra favorita es ejecutar una serie de vuelos de péndulo sobre el intruso, comenzando con un descenso en picada, seguido por un pase horizontal por encima de la cabeza y una elevación vertical hasta la misma altura donde comenzó. Este procedimiento se repite hasta que el invasor haya tenido suficiente y se retire.

Durante el cortejo, patrones de vuelo algo similares pero más intrincados son realizados por el macho, pero por supuesto no con el propósito de espantar. Por el contrario, ahora está tratando de impresionar a su favorita del momento con su técnica de vuelo más atrevida, mientras que al mismo tiempo muestra sus colores iridiscentes de la mejor manera posible. Dejemos a un lado estas hazañas y reconozcamos que tan extraordinaria habilidad en el arte de volar, única entre todos los seres vivientes de nuestro planeta, no puede ser racionalizada o explicada simplemente citando estadísticas estériles o disecando especímenes. Sin dejar de reconocer que estas investigaciones científicas son de vital importancia para ayudarnos a alcanzar un cierto conocimiento del mundo en que vivimos, creemos que es necesario dejar los laboratorios y retornar a la naturaleza, porque de otra forma no tenemos esperanza de llegar a entender las verdaderas perspectivas de nuestros descubrimientos científicos.

decide to escape. And it is only when they become overly confident that their worst enemy, the cat, gets an opportunity to put them out of action with a lucky stroke, as I have seen. But these dangers are really the least of their worries and such accidents are normally reserved for the young with little experience, but their flight skills and aerobatics improve with age. Their favorite escape from an attack is a sudden back roll, followed by a half-turn so as not to have to continue to fly upside down. And it is equally amazing how they can penetrate dense foliage without touching the branches or leaves with their wings. This usually happens when they are pursued by an even more cunning flyer of their own class, as no other bird is able to pursue a hummingbird for more than a split second.

They are experts in taking nectar from flowers even in strong winds, but this is no big deal. They love to demonstrate their advanced flying and air combat skills to expel invaders from their territory or when they are courting a female. If the goal is to scare away an enemy, their favorite maneuver is to run a series of pendulum flights over the intruder, starting with a frontal attack, followed by a horizontal overhead pass and a vertical rise to the height where it began. This procedure is repeated until the invader has had enough and retreats.

During courtship the males display somewhat similar but more intricate flight patterns, but of course these are not intended to scare his favorite of the moment. On the contrary, he now tries to impress her with his most daring flying skills while showing off his iridescent colors to their best advantage. But let's leave these feats aside and recognize that these extraordinary flying skills, unique among all living creatures, can never be rationalized or explained simply by quoting sterile statistics or dissecting specimens. So while recognizing that these scientific investigations are vital to help us reach some understanding of the world we live in, let's leave the laboratory and return to nature to understand the true perspectives of our scientific discoveries.

Amazilia tsacatl
Rufous-tailed Hummingbird

Alimentación

LA ENERGÍA ES la clave de la existencia de los colibríes. En este aspecto tienen mucho en común con el mundo moderno cuyas máquinas y fábricas se detienen cuando el suministro de energía se agota. Pero hasta aquí llega la similitud, porque el hombre confía en los extensos depósitos de carbón y petróleo crudo producidos por la energía solar hace millones de años, mientras que el diminuto colibrí tiene que depender del néctar que solamente encuentra en ciertas flores. Dado que esta fuente de energía es también generada por el sol, hay que reconocer que es mucho menos confiable que la gasolina, ya que fluctúa con las temporadas climatológicas y está a merced de los cambios de las condiciones del tiempo.

El alimentarse de néctar es un proceso que implica gran consumo de energías y como resultado de ello el colibrí debe ser capaz de tener la más alta producción por unidad de peso, entre los animales de temperatura constante. Greenewalt menciona que un colibrí revoloteando tiene una producción de energía por unidad de peso que es proporcionalmente 10 veces la de un hombre corriendo a 14.5 kilómetros por hora. Esto es casi la mayor producción de energía que puede generar un hombre, y en un ritmo tal que puede ser mantenido solamente por media hora. En comparación, un colibrí puede permanecer en el aire por períodos mucho más largos. Si un hombre pudiera volar en la misma forma, necesitaría la fuerza impulsora de un motor de 40 caballos de fuerza, es decir, lo mismo que un pequeño automóvil europeo. Continuando con la comparación, la producción real diaria de energía en el hombre es de aproximadamente 3.500 calorías. Si el mismo hombre con un peso de aproximadamente 75 kilogramos fuera a llevar la vida de un colibrí común, comiendo, volando, parado sobre ramas, durmiendo, debería aumentar su producción de energía a 150.000 calorías por día. El hombre consume normalmente aproximadamente un kilo de alimento por día, pero viviendo como un colibrí, necesitaría consumir 125 kilogramos de carne o 160 kilogramos de papas cocidas.

Por supuesto, el principal alimento de los colibríes son los azúcares, complementado con pequeños insectos. El azúcar tiene un contenido energético mucho más alto que la carne y las papas. Aun así, el colibrí de término medio consume la mitad de su peso de azúcar pura, por día, y en la naturaleza toda esta energía es suministrada por las flores. De nuevo, de acuerdo con Crawford Greenewalt, si nuestro hombre tuviera que soportar el mismo ritmo metabólico que soporta un colibrí revoloteando, tendría que evaporar 50 kilogramos de transpiración por hora, para mantener su piel a una temperatura por debajo del punto de ebullición del agua. Si su suministro de agua se agotara, la temperatura de la piel se elevaría a 400°C, muy por encima del punto de fusión del plomo, a cuya temperatura brillaría en la oscuridad y probablemente estallara en llamas. Satisfacer esta monumental exigencia de energía es una proeza increíble y comenzamos a entender la magnitud de los problemas que confrontan los pequeños colibríes.

Algunos científicos creen que la especie evolucionó en épocas remotas de algún progenitor veloz de los trópicos americanos, pero cabe preguntarse ¿hace exactamente cuánto tiempo? Ciertas indicaciones señalan los comienzos de la Edad Terciaria. Así como los colibríes han llegado a convertirse en seres altamente especializados en el arte de extraer el néctar de las flores por un largo proceso evolutivo, también ciertas flores han evolucionado en un proceso paralelo, para atraer y proporcionar alimento a los colibríes. El resultado es beneficio mutuo, porque estos pájaros realizan el trabajo de transferir el polen de planta a planta con todas las ventajas evolutivas que esta fertilización cruzada conlleva.

Aunque los colibríes pueden obtener néctar de casi cualquier flor que lo produzca, las que dependen de estos pájaros como polinizadores, tienen ciertas características en común, por las cuales se les puede reconocer como "flores de colibrí". Las flores

Nutrition

Colibri thalassinus
Green Violetear

ENERGY IS THE key to the existence of hummingbirds. In this respect they have much in common with the modern world whose machines and factories shut down when the power supply is exhausted. But the similarity ends here, because man relies on extensive deposits of coal and crude oil produced by solar energy for millions of years, while the tiny hummingbird depends on the nectar that is only found in certain flowers. Even though the sun also generates this source of energy, we must acknowledge that it is much less reliable than gasoline, because it fluctuates with the seasons and is at the mercy of changing weather conditions.

Feeding on nectar is a process that involves a high-energy consumption, and as a result hummingbirds have the highest energy consumption per unit weight of all animals. Greenewalt mentions that a hummingbird in flight has a power consumption per unit weight that is proportionally 10 times that of a man running 14.5 kilometers per hour. This is almost the highest energy consumption that a man can sustain and which he can only maintain for half an hour. By comparison, a hummingbird can remain in the air for much longer periods. And if a man wants to fly in the same manner, he would need the force of a 40 horsepower motor, like in a small European car. To continue the comparison, the actual daily energy consumption of a man is roughly 3,500 calories. If the same man with a weight of about 75 kilograms were to lead the life of a common hummingbird, eating, flying, sitting on branches and sleeping; his energy consumption would increase to 150,000 calories per day. And if he were truly living like a hummingbird, his food consumption would increase from about 1 kilo of food per day to 125 kilos of meat or 73 kilos of boiled potatoes.

típicas del colibrí crecen de manera tal que el pájaro puede revolotear enfrente de ellas sin golpear con sus alas, hojas y ramas. A menudo tienen forma de trompeta o proveen acceso al néctar mediante una parte tubular, o están compuestas de pétalos unidos o de pétalos separados pero muy cercanos entre sí, de manera que no son lugares apropiados para que las abejas y las mariposas se posen. La forma tubular y la ausencia de puntos de apoyo bien pueden ser adaptaciones evolutivas para desanimar a los visitantes indeseados. Las flores preferidas del colibrí frecuentemente carecen de la fragancia que tienen las demás flores para atraer a los insectos. Esto puede ser otro cambio evolutivo, como lo explica el ornitólogo el doctor Alexander Scutch, porque no les sería ventajoso ser visitadas por insectos que podrían tomar su néctar o polen sin pagar por él, es decir, efectuando la polinización. Al mismo tiempo la ausencia de fragancia no es una gran pérdida para el colibrí, pues su sentido del olfato no está muy bien desarrollado.

Parecería que para cada forma y tamaño de las flores del colibrí, ciertas especies de pájaros hubieran desarrollado picos del tamaño y estilo apropiados para facilitar la extracción del néctar. De la apariencia exterior de los picos ya hemos hablado en otra parte. Aquí trataremos de otro aspecto de esta característica.

En general, los colibríes son extremadamente celosos de su territorio y mucha de su agresividad está dirigida contra los miembros de su propia familia. Pero aquí la naturaleza hasta cierto punto ha intervenido contra su mutua intolerancia, ofreciendo una amplia variedad de tamaños y formas de flores y también de picos. Un pájaro con pico corto sabe perfectamente que no podrá aprovechar los depósitos de néctar que se encuentran en las flores tubulares grandes, y en consecuencia, es más tolerante con las especies de pico largo que frecuentan tales flores que con los miembros de su propia especie con los que tendría que competir constantemente para obtener su alimento. En áreas con una amplia variedad de flores es posible observar una coexistencia relativamente pacífica entre diferentes especies de colibríes que comparten el mismo territorio.

La eliminación de fragancia de las flores como mecanismo para atraer a los colibríes fue bastante simple, pero la situación

Amazilia tsacatl
Rufous-tailed Hummingbird

The main nutrients of hummingbirds are sugar and small insects, and sugar has a much higher energy content than meat and potatoes, but even so, the average hummingbird consumes half its weight of pure sugar per day, and in nature flowers supply all that energy. Again, according to Crawford Greenewalt, if a man had to match the same metabolic rate as that of a flying hummingbird, he would have to evaporate 50 kilos of sweat per hour to keep his skin temperature below the boiling point of water. And if his water supply is exhausted, his skin temperature would rise to 400°C, well above the melting point of lead, at which temperature he would glow in the dark and probably burst into flames. To satisfy this monumental energy requirement is an incredible feat and helps us begin to understand the magnitude of problems the little hummingbirds are facing.

Some scientists believe the species evolved in ancient times from some fast-moving progenitor in the American tropics, but they fail to explain exactly how long ago. Certain indications point to the beginning of the Tertiary Age. Just as the hummingbirds have become highly specialized in the art of extracting nectar from flowers through a long evolutionary process, certain flowers have evolved in a similar process to attract and provide food for hummingbirds. The result is mutually beneficial because these birds perform the process of transferring pollen from one plant to another with the evolutionary benefit that they also provide cross-fertilization.

Even though hummingbirds can get nectar from almost any nectar-producing flower, those flowers that depend on these birds as pollinators have certain characteristics in common, from which they can be recognized as "hummingbird flowers." Typical flowers grow in such a manner that a hummingbird can hover in front of them without its wings touching the leaves and branches. They are often trumpet-shaped or provide access to the nectar by a tubular part, or are composed of petals that are closed or so close together that there is no suitable place for the bees and butterflies to settle. The tubular shape and the absence of supports may well be evolutionary adaptations to discourage unwanted visitors. In addition, the hummingbirds' favorite flowers often lack the fragrance with which other flowers attract insects. This may well be another evolutionary change, as explained by the ornithologist Dr. Alexander Scutch, because it would not be advantageous to be visited by insects that could take their nectar or pollen without paying for it with pollination. At the same time the lack of fragrance is no great loss for the hummingbirds, because they lack the sense of smell.

It seems that for every shape and size of hummingbird flowers, certain species have developed beaks of appropriate shape and size to enable the removal of nectar. The outward appearance of these beaks has already been discussed elsewhere. Here we will discuss another aspect of this feature.

In general, hummingbirds are extremely protective of their territory and much of their aggression is directed against members of its own family. But here nature has intervened somewhat against their mutual intolerance by offering a wide variety of sizes and shapes of flowers for different types of beaks. A short-billed bird knows that it can not take advantage of the nectar deposits in large tubular flowers, and is therefore more tolerant of the long-beaked species that frequent these flowers, compared to the members of its own species, with whom it constantly has to compete for its food. One can therefore observe a relatively peaceful coexistence between different species of hummingbirds that share the same territory in areas with a wide variety of flowers.

The elimination of the fragrance of flowers as a way to attract hummingbirds was simple enough, but the situation is more complex with respect to color. There is no doubt that the colorful flowers attract the small birds, whether yellow, blue, white or even green. But it seems that those we specifically classify as "hummingbird flowers" are often red or orange. In the laws of physics we find that red or orange objects are visible at greater distances than those with other colors. When food is scarce, I

es más compleja con respecto al color. No hay duda de que las flores de muchos colores atraen a los pequeños pajaritos, sean éstas amarillas, azules, blancas o aun verdes. Sin embargo, parece que a las que se les cita específicamente como "flores de colibrí", son a menudo de color rojo o anaranjado. Las leyes de la física nos comprueban que objetos rojos o anaranjados son visibles a mayores distancias que los de otros colores. Cuando el alimento escasea, he observado que un colibrí examinará por preferencia todos los objetos rojos para determinar si por casualidad ocultan algún suministro de alimento. Esto tiende a confirmar que los cambios evolutivos favorecieron a los colores rojo y anaranjado en el gran espacio verde de las selvas tropicales, en el esfuerzo de las flores por atraer la atención de sus visitantes predilectos. Es probable que los pájaros, en diferentes áreas, han aprendido a reconocer el tipo y color de las flores que les vale la pena visitar allí. Aún así, estoy convencido de que las de color rojo son inspeccionadas antes que las otras. En este contexto es interesante también anotar que ciertas flores de gran popularidad en un área, pueden ser completamente ignoradas cuando se introducen en otra donde antes eran desconocidas. Esto podría indicar que hasta cierto punto el conocimiento de las flores apropiadas sería enseñado por la madre a sus pequeñuelos, cuando comienzan a dejar el nido para iniciar su propia búsqueda de alimento. De otra forma, es razonable suponer que esas flores nuevas en el área serían descubiertas más prontamente por la curiosidad emprendedora de algún pequeño investigador.

Hasta ahora hemos hablado de cómo nuestros amigos, los colibríes, han llegado a depender de las flores como su principal fuente de energía y cómo ciertas flores evolucionaron para complacer exclusivamente los gustos de estos pájaros. En otras palabras, ahora tenemos pájaros que gustan de ciertas flores y flores que prefieren ciertos pájaros, pero eso es solamente la introducción a un recuento de cómo los colibríes se las arreglan para satisfacer su apetito. Pensando un poco más, se nos ocurre que po-

cas plantas permanecen florecidas todo el año. Esto conduce entonces a la pregunta de si cada estación ofrece un número suficiente de flores diferentes.

Y por último ¿cuánto néctar ofrecen estas flores y si es suficiente para justificar una o más visitas de los colibríes dentro de un período corto? Los problemas que un colibrí tiene que resolver en su lucha diaria por la subsistencia son tan complejos, que sería difícil saber cómo se las arregla si no fuera por la ayuda que nos brindan las modernas computadoras electrónicas. Los problemas son menos difíciles durante los períodos en que hay flores en abundancia, pero se vuelven serios, y aun críticos, en las estaciones en que desaparecen, como cuando ocurre una sequía inesperada. En la naturaleza, nuestros pájaros se pasan ciertas horas del día en una búsqueda constante de alimento. Aun en cautiverio, donde tienen un suministro ilimitado, comen la mayor parte del día, a intervalos regulares que varían entre 10 y 20 minutos. Si se les priva de su alimento, comienzan a ponerse inquietos al final de cada período y gradualmente aumentarán su nerviosidad hasta que su fuente de alimento es restituida. Sin embargo, poseen un medio especial para superar una abstinencia forzada debido a causas tales como una tormenta; más adelante hablaremos sobre este mecanismo.

De todas maneras, es evidente que el colibrí, aun bajo las condiciones más favorables, mantiene una intensa búsqueda de alimento durante la mayor parte del día. Cuando esta actividad no es enteramente provechosa, se ve rápidamente confrontado a una situación similar a la de un avión al que se le está terminando el combustible. Durante todo el día el colibrí se mantiene muy ocupado determinando cuáles flores visitar y la secuencia óptima para hacerlo. Cada error significa un desperdicio de energía y un margen menos de seguridad. Dentro de su territorio debe hacer que cada flor produzca todas las gotas posibles de néctar, evitando las visitas a flores marchitas o improductivas. Cada vuelo a un árbol nuevo o a un arbusto florido tiene que ser evaluado cuidadosamente, para asegurarse de

have noticed that hummingbirds preferentially examine all red objects to determine if they happen to hide a food supply. This tends to confirm that evolutionary changes favored the red and orange colors in the largely green tropical forests, so as to help the flowers to attract the attention of their favorite visitors. It is also likely that birds in different areas have learned to recognize the type and color of flowers that are worth visiting. Even so, I'm convinced that the red are inspected before the others. In this context it is also worth mentioning that certain flowers, which are popular in one area, can be completely ignored when introduced to another area where they were previously unknown. This may mean that, to some extent, the mothers are teaching the knowledge of suitable flowers to their little ones when they leave the nest to start their own search for food. Otherwise, we must assume that all new flowers in a given area eventually will be discovered due to the curiosity of an enterprising little researcher.

We have so far discussed how the hummingbirds have come to rely on flowers as their primary energy source and how certain flowers evolved solely to please the tastes of these birds. In other words, we now have some birds who like flowers and flowers that prefer certain birds, but that is only the introduction to the topic of how hummingbirds manage to satisfy their appetite. By thinking a little further, we realize that few plants remain in bloom throughout the year. This in turn leads to the question of whether each season offers a sufficient number of different flowers.

And finally, how much nectar do the flowers offer and is it enough to justify one or more visits of a hummingbird within a short period? The problems that hummingbirds have to solve in their daily struggle for survival are so complex, that it is difficult to understand how they manage to do so where we would have to use the assistance of computers. The problems are less difficult during periods when flowers are in abundance, but they become serious and even critical during certain seasons or during an unexpected occurrence of a drought. In nature, hummingbirds spend many hours in a constant search for food, and even in captivity, where they have an unlimited food supply, they eat most of the day at regular intervals ranging between 10

Phaethornis guy

que al menos podrá reponer la cantidad de energía que consumió en el viaje hasta él. Si no es así, la visita no será más que una pérdida de esfuerzo y entonces aumentará la presión para corregir el error durante el siguiente movimiento.

No he visto trabajos publicados relacionados con las distancias que recorren los colibríes hasta el lugar de suministro de néctar de cada flor, pero podemos llegar a una conclusión aproximada de esta relación, tomando algunos datos de un artículo acerca del abejorro, escrito por el profesor Bernd Heinrich de la Universidad de Berkeley (*Scientific American* Vol. 228 - N° 4). Aunque el artículo se refiere a las condiciones de los insectos en el área de Nueva Inglaterra, en los Estados Unidos, se pueden encontrar algunos paralelos con las dificultades que confrontan nuestros pequeños amigos en la selva.

El profesor Heinrich explica cómo el abejorro, bajo ciertas condiciones, tiene que pasar la mitad de sus horas de actividad volando de flor en flor. Si asumimos que el colibrí gasta 8 horas en sueño y reposo, las 16 horas del día restante serían empleadas principalmente en la búsqueda de alimento.

La velocidad crucero promedio de los colibríes es del orden de los 30 kilómetros por hora, de manera que si la mitad de las horas se emplean en volar de una flor a otra, un colibrí viajará la sorprendente distancia de 240 kilómetros diarios en su búsqueda de alimento. También nos enteramos que un rico proveedor de néctar en las praderas de Maine, la hierba de sauce de flores rojas y púrpuras contiene aproximadamente 0,1 miligramo de azúcar en cada flor o capullo individual.

Asumamos ahora que los cambios evolutivos han aumentado esta cantidad 10 veces en las flores preferidas del colibrí que se encuentran en Panamá, de manera que cada florecilla aquí contiene 1,0 miligramo. Si el pájaro promedio, con un peso de 5 gramos, debe consumir aproximadamente la mitad de eso en azúcar cada día, tendrá que libar por lo menos 2.500 de estas florecillas durante las 8 horas que tiene disponibles durante el día, o sea aproximadamente 5 por minuto. Esto es, por supuesto, asumiendo que cada flor esté en su producción máxima y que no haya sido visitada previamente por otros pájaros o insectos. No es de extrañar entonces que el colibrí que gobierne un terri-

Chlorostilbon mellisugus

and 20 minutes. And if they are deprived of their food, they start to get restless and their nervousness gradually increases until their food supply is restored. However, they do have a special ability to overcome a food shortage from causes such as a storm, which we will discuss later.

It is clear, however, that hummingbirds, even under the most favorable conditions search for food constantly during most of the day. And when this activity is not entirely successful, they are promptly confronted with a similar situation to that of an aircraft running out of fuel. Throughout the day the hummingbird is busy determining which flowers to visit and the best sequence to do so. Every mistake is a waste of energy and reduces its safety margin. It should make sure within its territory that the flowers produce every possible drop of nectar and avoid visits to wilted or unproductive flowers. Each flight to another flowering tree or shrub must be carefully evaluated so as to ensure that it at least recovers the amount of energy consumed in that flight. If not, the visit will be a waste of effort and increase the urgency to correct the error in its next move.

I have seen no published reports about how far hummingbirds have to travel from flower to flower in their search for nectar, but we can reach an approximation in an article about bumblebees by Professor Bernd Heinrich at Berkeley University (*Scientific American*, 228, 4). And even though the article refers to the conditions of insects in New England, in the United States, there are similarities with the difficulties faced by our friends in the jungle.

Professor Heinrich explains how the bumblebee, under certain conditions, has to spend half its active hours flying from flower to flower. If we assume that hummingbirds spend 8 hours to sleep and rest each day, the remaining 16 hours could primarily be used to gather nectar. So if the average speed of hummingbirds is about 30 kilometers per hour, and if half of the 16 hours are used to fly from one flower to another, hummingbirds will travel the amazing distance of 240 kilometers a day

in search of food. We also learn that in the prairies of Maine, a rich nectar provider is willow grass (fireweed), which has red and purple flowers, each of which contain about 0.1 mg of sugar.

If we now assume that evolutionary changes have increased this amount ten times in the favorite flowers of the hummingbirds in Panama so that every flower here contains 1.0 milligram; and if the average bird, weighing 5 grams, consumes approximately half of that amount of sugar every day, it has to visit at least 2,500 of these flowers during the 8 hours it has available during the day, or about 5 flowers per minute. This, of course, assumes that each flower is in full production and has not been visited previously by other birds or insects. No wonder then that a hummingbird governs its territory jealously so as to keep all intruders out of its property. At the same time it has to develop a method to visit the flowers in its territory without repetitions, or the result would be the same as if other birds had stolen the nectar.

So far we have ignored the complications that are caused by changing seasons or unfavorable weather conditions. Fortunately for hummingbirds, the seasonal changes in Panama are less pronounced than in more temperate areas. Temperatures in Panama remain more or less constant throughout the year, compared with other countries, which experience severe changes, going from hot, humid summers to freezing, snowy winters. Even so, in Panama there are still long periods each year with little or no rain, alternating with heavy downpours causing disastrous floods, and hummingbirds have to learn how to overcome these extreme hardships. As protection against the heavy rains or particularly cold nights in the mountains, they have an almost miraculous defense mechanism. In those situations when their energy reserves are inadequate, they can make their body temperature drop considerably and enter into a state called "torpor," similar to hibernation. This makes their temperature, which is normally between 39° and 42°C drop dramatically so as to approximate that

torio guarde tan celosamente su propiedad contra los intrusos. Al mismo tiempo, tiene que desarrollar un método para visitar las flores de su territorio sin repeticiones, o el resultado sería el mismo que si el néctar le hubiera sido robado por otros pájaros.

Hasta ahora hemos ignorado las complicaciones que surgen de los cambios de estación o de las condiciones desfavorables del tiempo. Afortunadamente para los colibríes, las temperaturas en Panamá permanecen más o menos constantes durante todo el año, comparadas con otros países que experimentan fuertes cambios de veranos húmedos y calientes a inviernos cubiertos de nieve. Aun así, no es extraño que en Panamá haya períodos prolongados de poca o ninguna lluvia, alternando con desastrosas inundaciones y los colibríes tienen que superar necesariamente las privaciones que les ocasionan estos extremos. Cuando hay mal tiempo, como por ejemplo una tormenta fuerte o un inesperado frío durante la noche en las regiones montañosas, el colibrí tiene un mecanismo de defensa casi milagroso. En caso de que sus reservas de energía sean inadecuadas, hace que la temperatura de su cuerpo descienda considerablemente, hasta entrar en un estado de adormecimiento o semi-hibernación. Durante el adormecimiento, su temperatura, que normalmente está entre 39 y 42°C, más alta que la de los mamíferos, descenderá hasta aproximarse a la del aire circundante. Al mismo tiempo, el ritmo normal de su pulso, de unas 480 pulsaciones por minuto durante el descanso ordinario, se reduce a aproximadamente 35 y de esta forma su desgaste de energía disminuye 20 o 25 veces.

Los pájaros de la fría región Andina de esta forma sobreviven a las temperaturas cercanas al punto de congelación durante la noche, mientras que el estado de adormecimiento en otras áreas es adoptado solamente como medida de emergencia. Esta situación puede surgir cuando el aire desciende durante la noche por debajo de un cierto nivel o cuando el pájaro no pudo obtener suficiente alimento antes de caer la noche. Normalmente permanecerá adormecido hasta ser revivido por el primer rayo de sol de la mañana, aunque ciertas especies pueden salir del adormecimiento antes del alba. Un aspecto sorprendente de este mecanismo de emergencia es que aparentemente es evitado por las hembras durante la incubación. La razón es que, naturalmente, el descenso de la temperatura interferiría con el desarrollo normal de los polluelos. En los Estados Unidos, muy arriba en las Montañas Rocosas, un Colibrí Calliope hembra adoptó el adormecimiento como último recurso durante la incubación, cuando el mal tiempo había interferido con su alimentación de la tarde y la temperatura de la noche descendió a 8°C. Esta acción le permitió ahorrar suficiente energía para superar la crisis y los huevos empollaron satisfactoriamente. En muchos casos similares, sin embargo, la hembra permanecerá soportando el intenso frío de la noche sin adormecerse.

En ocasiones ni siquiera el adormecimiento protegería suficientemente a los colibríes del congelamiento cuando las temperaturas descienden por debajo de cero, lo que resultaría en una muerte segura. Muy arriba en los Andes, las temperaturas nocturnas se sitúan regularmente por debajo del punto de congelación y algunas especies, incluyendo la Estrella Andina, resuelven el problema durmiendo en cuevas, pozos de minas abandonadas y en otros sitios protegidos, donde aun en las noches frías la temperatura permanece por encima del punto de congelación. Mientras sorprende un poco que estos pájaros busquen abrigo en la noche, es casi increíble creer que la Estrella del Chimborazo haya establecido su hábitat durante todo el año en el volcán Cotopaxien el Ecuador, a una altitud que fluctúa entre 4.000 y 5.000 metros, justamente debajo de la gran cumbre de hielo. Con esto en mente, podemos estar de acuerdo en que los colibríes de Panamá están llevando una vida relativamente abrigada y que, solamente en algunas ocasiones, necesitan utilizar el adormecimiento con el fin de superar dificultades.

Sea como sea, los colibríes de nuestra región tienen que vencer otra complicación en su lucha por la supervivencia y es cuan-

of the surrounding air. At the same time, the normal rhythm of their pulse, about 480 heart beats per minute during ordinary rest, is reduced to about 35, whereby they reduce their energy consumption 20 or 25 times.

In the cold Andean region, the birds survive temperatures near freezing during every night in this manner, while the state of torpor in other areas is only employed as an emergency measure. This condition can occur when the night temperature drops below a certain level or when the bird was unable to obtain enough food before nightfall. They then usually remain dormant until being revived by the first rays of morning sun, although some species can leave the torpor state before dawn. A surprising aspect of this emergency mechanism is that it appears that females avoid it during incubation. The reason, of course, being that the drop in temperature might interfere with the normal development of the chicks. High in the Rocky Mountains of the United States, a female Calliope Hummingbird adopted torpor as a last resort during incubation, when bad weather had interfered with its search for food in the afternoon and the night temperature dropped to 8°C. This al-

lowed her to save enough energy to overcome the crisis and the eggs hatched successfully. In many such cases, however, the female will endure the intense cold of the night without falling asleep.

Sometimes, when temperatures drop below zero, even torpor can't protect the hummingbirds sufficiently from freezing, which would result in their certain death. High in the Andes, the nighttime temperatures regularly drop below freezing and some species, including the Andean Star, solve this problem by sleeping in caves, abandoned mine shafts and other protected sites, where even on cold nights the temperature remains above freezing. While it's a little surprising that these birds seek shelter at night, it's almost hard to believe that the Chimborazo Star has made the Cotopaxi volcano in Ecuador its habitat throughout the year at altitudes ranging from 4000 to 5000 meters, just below the great ice summit. With this in mind, we can agree that Panama's hummingbirds are leading a relatively sheltered life and that they only occasionally need to use torpor in order to survive.

Anyway, the hummingbirds in our re-

Phaethornis longirostris

do los cambios interfieren significativamente en sus condiciones de vida en toda una zona. En tales ocasiones parece que grandes cantidades de especies emigran como la forma más práctica de resolver el problema. Cuando los cambios afectan adversamente un área, ésta es abandonada y los pájaros no regresan hasta que las condiciones comienzan a mejorar nuevamente. La emigración puede ser vertical y a distancias relativamente cortas, como en el caso del Topacio Rubí cuya zona preferida es al nivel del mar, a lo largo de la costa. Pero cuando la vegetación costera, incluyendo las plantas floridas que le dan vida al colibrí, comienzan a secarse, el Topacio Rubí inicia su ascenso, y desde aproximadamente a mediados de junio y hasta finales de septiembre puede encontrarse a unos mil metros de altura. Otras especies viajan cientos y hasta miles de kilómetros cuando emigran hasta encontrar condiciones de vida apropiadas en otra parte. Pero desafortunadamente se sabe muy poco acerca de estos desplazamientos. Posiblemente sean graduales, por lo que ya sabemos de que la mayoría tiene que alimentarse a intervalos frecuentes durante todo el día.

Hemos visto ya que un colibrí puede

Campylopterus hemileucurus

viajar hasta 240 kilómetros por día en la realización de sus actividades cotidianas, de ahí que los viajes migratorios donde recorren entre 100 y 200 kilómetros por día no representan, por lo tanto, problemas particulares. Pero sí queda mucho por descubrir acerca de las rutas que siguen. Existen registros, por ejemplo, en lugares como Trinidad, que dan las fechas en que ciertos pájaros están presentes en un área dada, pero se sabe muy poco del rumbo que toman una vez que se marchan. Sobre las migraciones de ciertas especies norteamericanas se han realizado algunos estudios interesantes. Cuando el invierno se aproxima, estos pájaros abandonan sus criaderos en el Norte y viajan hacia México y América Central. En aparente contradicción de su necesidad de alimentarse a intervalos frecuentes, algunas especies se las arreglan para cruzar el Golfo de México, desde la Florida hasta México, sin parar, o quizás haciendo una parada en Cuba: un viaje de aproximadamente 800 kilómetros sobre el mar. Según Greenewalt, el Garganta de Rubí se prepara para este viaje agregando un 50% a su peso normal, todo grasa, con el fin de proveer combustible extra para el largo viaje a través del golfo.

El Garganta de Rubí pesa un poco menos de 4 gramos bajo condiciones normales y el fisiólogo el doctor Robert Lasiewski ha concluido que los dos gramos extras de grasa que adquiere antes de la emigración, le permiten volar por 26 horas a una velocidad de 40 kilómetros por hora, o sea a una distancia mayor que la de Louisiana a Yucatán. Toda una hazaña para tan pequeño individuo.

Hasta ahora, solamente hemos mencionado la importancia vital que representa el néctar de las flores en la dieta de los colibríes, y hemos explicado por qué no pueden permanecer por largo tiempo sin esta fuente de energía. Pero el néctar o azúcar no es suficiente para su supervivencia, tiene que ser complementado con algún ingrediente que contenga vitaminas y los aminoácidos esenciales. Muy probablemente fue por la ausencia de tales substancias en el alimento de los primeros colibríes que se exhibieron en

gion have to beat another complication in their struggle for survival when changes significantly interfere in their living conditions throughout an area. At such times it seems that many species migrate, this being the most practical way to solve the problem. When changes adversely affect an area, it is abandoned and the birds do not return until conditions start to improve again. Migration can be vertical for relatively short distances, as in the case of the Ruby Topaz whose preferred area is at sea level along the coast. But when the flowering plants in the coastal areas begin to dry up, the Ruby Topaz makes its ascent from about mid-June to late September and it can then be found at an elevation of a few hundred meters. Other species may travel hundreds and even thousands of kilometers when they migrate to find suitable living conditions elsewhere. But unfortunately very little is known about these movements. They are probably gradual, as we know they have to eat at frequent intervals throughout the day.

We have now seen that a hummingbird can travel daily up to 240 kilometers while conducting its daily activities, so migratory journeys where they travel between 100 and 200 kilometers per day don't present any particular problems. But much is still unknown about the routes they follow. In Trinidad, for example, there are records that give the dates when certain birds are present in a given area, but little is known about the direction they take when they leave. However, some interesting studies have been made on the migration of certain North American species. When winter approaches, these birds leave their breeding grounds in North America and travel to Mexico and Central America. In apparent contradiction of their need to feed at frequent intervals, some species manage to cross the Gulf of Mexico from Florida and Texas to Mexico, without stopping, a journey of about 800 kilometers. And according to Greenewalt, the Ruby-throated Hummingbird prepares for this trip by adding 50% to its normal body weight, all fat, as extra fuel for the long trip across the Gulf.

The Ruby-throated weighs a little less than 4 grams under normal conditions, and the physiologist Dr. Robert Lasiewski has concluded that the two extra grams of fat it puts on before migrating enables it to fly for 26 hours at a speed of 65 kilometers per hour, or farther than from Louisiana to Yucatan. Quite a feat for such a little fellow!

So far we have discussed the critical importance of flower nectar in the hummingbird diet, and we have also explained why they don't keep alive for long without this energy source. But nectar or sugar is not enough for their survival, and has to be supplemented with ingredients containing vitamins and amino acids. It was probably the absence of these supplements in the diet of the first hummingbirds to be exhibited in Europe in the London Zoo, which caused the death of these unfortunate creatures, because we now know from scientific studies that most hummingbirds catch insects in order to achieve a balanced diet and can't survive for long without this protein source.

Their dependence on insects and hunting methods vary with the species of hummingbirds and the environment. Among some of the hummingbirds it seems that the search for insects takes precedence over the search for nectar, as they are often seen hovering near the ground, taking small insects under the leaves or cleaning the cobwebs. Species such as the Golden-tailed Sapphire and White-necked Jacobin show a more impressive style of obtaining their protein supplement by performing high-speed flight maneuvers. While the Hermits prefer to operate under the bushes, near the ground, the latter are more often seen among the treetops, flying in all directions in search of mosquitoes and small flies. The Ruby-throated Hummingbird follows a similar pattern in contrast to the Hermits, and seems to reserve certain hours of the day, usually around noon and again in the evening, to seek its share of bugs, while it spends the rest of its time to search for nectar.

The beaks of the swifts and flycatchers are perhaps more functional for hunting insects, but the exceptional flight techniques of hummingbirds enable them to trap their

Europa, en el Zoológico de Londres, lo que causó la muerte de esas desdichadas criaturas. A partir de algunos estudios, sabemos que la mayoría de los colibríes cazan insectos con el fin de obtener una dieta balanceada y que no pueden sobrevivir largo tiempo si son privados de esta fuente de proteínas.

La dependencia de los insectos y el método de cazarlos varía con las especies de colibríes y el ambiente. Entre los colibríes pareciera que la búsqueda de insectos tiene prioridad sobre la búsqueda de néctar, ya que se les ve muy a menudo revoloteando cerca del piso, tomando pequeños insectos debajo de las hojas o limpiando las telarañas. Especies, como el Zafiro de Cola Dorada y el Jacobino Nuquiblanco demuestran un estilo más ostentoso; para obtener su suplemento de proteínas realizan maniobras de vuelo a gran velocidad. Mientras los Ermitaños prefieren operar bajo los arbustos, cerca del suelo, aquellos se ven más frecuentemente entre las copas de los árboles, volando en todas direcciones en busca de mosquitos y moscas pequeñas. El Garganta de Rubí sigue un patrón similar y, en contraste con los Ermitaños, parece reservar solamente ciertas horas del día, generalmente alrededor del mediodía y de nuevo al caer la tarde, para buscar su cuota de insectos, mientras que dedica el resto de su tiempo a la búsqueda de néctar.

Los picos de los vencejos y los atrapamoscas son quizá más funcionales para cazar insectos, pero las excepcionales técnicas de vuelo de los colibríes los capacita para atrapar a sus víctimas en el aire, tan infaliblemente como los más especializados cazadores de insectos. Con el fin de determinar el grado de importancia que tiene el suplemento de proteínas en su dieta diaria, el doctor Ruschi, de Brasil, alimentó con moscas de frutas a un diminuto Estrella Amatista enjaulado, hasta saciarlo, y descubrió que la ingestión de proteínas correspondía más o menos proporcionalmente a la de la dieta humana. En cautiverio es difícil proporcionarles exactamente las mismas condiciones a las que encuentran en la naturaleza, pero los jardines zoológicos de Europa han consagrado la imaginación humana para crear dietas adecuadas para sus pequeños prisioneros. Sus formulas incluyen cosas como larvas de coleópteros, clara de huevo, extracto de carne y de hígado, suero sanguíneo y leche en polvo, para mencionar unas pocas. Algunas veces los zoológicos obtienen sus preciadas adquisiciones después de enormes esfuerzos y gastos, así que es natural que lleguen a cualquier extremo para mantenerlos vivos. Aun así, el doctor Ruschi insiste en que agua azucarada y abundante alimento consistente en moscas de frutas es todo lo que se necesita para mantener a los colibríes vivos y felices. En los trópicos, las moscas de frutas inevitablemente pululan alrededor de las bananas excesivamente maduras o de otras frutas similares, pero la tarea de atraerlos no es tan fácil en los climas fríos de Europa.

Esto llevó al experto en picaflores, el alemán Walter Scheithauer, a buscar una fórmula más simple para reemplazar el suplemento de insectos. Descubrió una marca local de alimentos para bebés el que, mezclado con azúcar y agua, ha probado ser casi tan efectivo para mantener vivos a los colibríes en cautiverio, como el método adoptado por el doctor Ruschi.

Antes de dejar a un lado este tema, debemos mencionar un aspecto más de la "Energía de las Flores" que puede ser de vital importancia para los pájaros que se encuentran en las partes altas de los Andes, y otras regiones montañosas. A esas altitudes, las moscas de frutas e insectos similares son tan escasos como en las partes más frías de Europa, de manera que los pájaros de estos lugares han tenido que buscar otras formas de complementar su dieta. De acuerdo con un pajarero de gran experiencia, Don Bleitz, han encontrado este suplemento en el polen de ciertas flores, tales como la Chuquiragua Acutiflora, que es bastante común a estas altitudes. Esto proporciona una parte considerable de los aminoácidos, proteínas y otros elementos nutricionales fundamentales para algunas especies de colibríes que establecen sus residencias a grandes alturas, y que así sustituyen la necesidad de incluir insectos en su dieta.

victims in the air as unerringly as the most specialized insect hunters. In order to determine the degree of importance of the protein supplement in their daily diet, Dr. Ruschi of Brazil, fed fruit flies to a tiny Amethyst Woodstar in a cage and found that its protein intake proportionally corresponded roughly to that of the human diet. In captivity, it is difficult to provide exactly the same conditions as those that are found in nature, but some European zoos have dedicated their imagination to create suitable diets for their little prisoners. Their formulas include things like beetle larvae, egg whites, meat and liver extract, blood serum and milk powder, to name a few. That is because the zoos sometimes get their prized acquisitions after enormous effort and expense, so it is only natural they go to any extreme to keep them alive. Even so, Dr. Ruschi insists that sugar water and an abundance of fruit flies is all that is needed to keep hummingbirds alive and happy. In the Tropics, fruit flies are inevitably swarming around overly ripe bananas or other similar fruits, but the task of attracting them is not as easy in the cold climates in Europe. This led the German expert in hummingbirds Walter Scheithauer to seek a simpler formula to replace the insect supplement. He found that a local brand of baby food, mixed with sugar and water, was almost as effective to keep the hummingbirds alive in captivity as the method adopted by Dr. Ruschi.

Before leaving this topic it should be mentioned that there is one aspect of "Flower Power" which can be vitally important for the hummingbirds found in the highlands of the Andes and other mountain regions. At those altitudes, fruit flies and similar insects are as rare as in the colder parts of Europe, so that the birds of these places have had to find other ways to supplement their diet. A highly experienced birder, Don Bleitz, has found a supplement in the pollen of certain flowers, such as Chuquiragua acutiflora, which is quite common at these altitudes. It provides a substantial portion of the amino acids, proteins and other nutritional elements that are essential for those hummingbird species that establish their residence at high altitudes, and thus replaces the need to include insects in their diet.

Amazilia tsacatl

Cortejo y nidificación

ES MUY POSIBLE que en el exigente mundo de hoy, un buen número de padres de familia respetables, se sentirían secretamente encantados de poder adoptar el estilo de vida de los colibríes, con el fin de deshacerse de todas las responsabilidades que deben sobrellevar. El colibrí macho no acepta absolutamente ninguna responsabilidad hacia su consorte o su prole en el transcurso de su fascinante existencia. Entre estas vivaces criaturas no existe una relación duradera, y las aventuras legendarias de Don Juan, el gran enamorado de todos los tiempos, difieren poco, en su contenido básico, de la historia típica de cualquier colibrí macho saludable.

En las perennes batallas entre los sexos, la naturaleza ha elegido favorecer a la hembra, como en el caso de las arañas, donde el confiado macho es brutalmente muerto y devorado por su amante, después de haber asegurado la continuidad de la familia. Entre los colibríes, la naturaleza, actuando de una manera más amistosa y comprensiva, sólo pide a cada macho que sea agradable y gracioso y, por supuesto, que luzca de lo mejor en todo momento. En retribución, todas las hembras a las que ha favorecido con sus atenciones, aceptarán gustosamente los deberes de construir un nido para su prole común, incubarán los huevos y criarán a los hijuelos. En resumen, todas las obligaciones atinentes a la continuación de la especie.

Entre algunas de éstas es la costumbre que varios machos se agrupen en un árbol alto cuando la época de nidificación se aproxima. En los intervalos entre los viajes de alimentación participan en una especie de canto comunitario, destinado a atraer a las hembras. De esta forma, el sonido de su canto se oye a mayores distancias que si viniera de un solo individuo y así hembras que están muy lejos escuchan la invitación y vienen a seleccionar un compañero apropiado. Naturalmente, el macho que luzca mejor y que demuestre las técnicas de vuelo más atrevidas, va a ser el más popular entre las damas visitantes. De esta forma,

la naturaleza está asegurando de nuevo la supervivencia del más capaz. Ciertamente, hay algo que decir en favor de este método de selección, el cual ha ayudado a generar más de 356 especies diferentes de colibríes, algunas de ellas de las más exquisitas criaturas de nuestro planeta. Tal vez los machos de algunas especies no se agrupen, pero su decisión de operar como individuos en la búsqueda de compañeras no es una señal de que poseen un mayor sentido de responsabilidad. Son igualmente categóricos en delegar a las hembras todo el trabajo de criar la familia.

Como a menudo sucede en la naturaleza, el macho hace insinuaciones, pero la decisión final de aceptación la toma la hembra que hará una selección muy cuidadosa del padre de su prole. Primero que todo, el macho enamorado tendrá que convencer a su favorita del momento, de sus atributos superiores. Este es el momento cuando tiene que desplegar sus iridiscentes y brillantes colores de la mejor manera posible. Sin haber visto nunca su reflejo en un espejo, el macho sabe por instinto cómo posar en el aire, enfrente de la hembra, de manera que el sol quede directamente detrás de ella para que así pueda iluminar al máximo los espléndidos colores de su plumaje. Con el fin de hacerse aún más irresistible, procura efectuar las maniobras de vuelo más atrevidas, elevándose hasta la copa de los árboles más altos y descendiendo en picada frente a su favorita, hasta casi estrellarse contra el suelo, para luego remontarse. O puede tratar de impresionarla realizando frente a ella, repetidamente, una figura similar al movimiento de un péndulo, de tal forma que pase muy cerca de ella en el punto más bajo de la curva.

En realidad, muy poca gente ha visto el acto de apareamiento que sigue a esta deslumbrante forma de hacer la corte, pero se sabe que la escena, de muy corta duración, puede llevarse a cabo totalmente o al menos, comenzar en el aire, hasta que ambos caen al suelo azotando fuertemente las alas. De todas maneras, tan pronto como el

Courting and Nesting

Selasphorus scintilla

IT IS QUITE possible that a number of respectable parents in today's demanding world would be secretly pleased to adopt the lifestyle of hummingbirds so as to rid themselves of their responsibilities because male hummingbirds accept absolutely no responsibility towards their spouses or their offspring in the course of their fascinating lives. For these lively creatures there is no lasting relationship, and the legendary adventures of Don Juan, the greatest lover of all time, differ little in their basic content from the typical life story of any healthy male hummingbird.

In the perennial battle between the sexes, nature has sometimes chosen to favor the female, as in the case of spiders, where the unsuspecting male is brutally killed and eaten by his lover after having ensured the continuity of the family. However, among hummingbirds nature acts in a more friendly and supportive manner and only asks every male to be nice and gracious and, of course, to look his best at all times. In return, the females, whom he has favored with his attentions, gladly accept the duties of building a nest, incubating the eggs and raising their offspring; in short, all the remaining obligations pertaining to the continuation of the species.

It is also customary for several males to group together in a tall tree when the nesting season approaches. And in the intervals between foraging, they engage in some kind of community singing, intended to attract females. Thus, the sound of their singing is heard at greater distances than if it came from a single individual, and females from far away hear the invitation to come and select a suitable partner. Of course, the better-looking male who shows the most daring flying techniques will be the most

47

aparamiento termina, los dos apasionados participantes se separan inmediatamente, sin más muestras de interés entre sí, y cada uno sigue su feliz camino. El macho regresa a sus actividades normales entre los árboles florecidos y para las hembras ha llegado el momento de comenzar la construcción del nido. El macho, como podrá sospecharse, es polígamo y promiscuo, y pronto estará buscando otras aventuras con admiradoras espontáneas. Pero, dejando al macho con su coquetería, la hembra que ha sido cortejada y ganada procede inmediatamente a construir su nido, aparentemente sin pensar en otra cosa que no sea la continuación de la especie.

Los colibríes son, sin lugar a dudas, los arquitectos avícolas más avanzados. Sus diminutos nidos se parecen mucho entre sí en la elegante y cuidadosa construcción. Utilizan plumón fino para cubrir el interior de la copa donde se pondrán los huevos, mientras que material más burdo es utilizado para las partes exteriores. Frecuentemente, la decoración exterior final consiste en pequeños pedacitos de liquen que proporcionan un camuflaje efectivo para evitar ser descubiertos. Como refuerzo, invariablemente usan tela de

Phaethornis guy

araña robada. Esto sirve no sólo para sostener todo el nido, sino para sujetarlo a la rama. La apariencia, una vez terminado, es exquisita, y la dedicada futura madre continuará decorando y agregando toques finales, aún después de haber puesto los huevos y de haber comenzado la incubación.

Debemos observar que aunque la construcción del nido parece realizarse con suma facilidad, es por el contrario un proceso inmensamente complicado. La selección correcta de los materiales apropiados es de vital importancia. Tienen que ser lo suficientemente fuertes como para mantener unido el nido y sostenerlo en su lugar, aun cuando los vientos más fuertes estén soplando. Ellas saben instintivamente dónde instalar sus nidos para obtener la máxima protección contra los aguaceros tropicales. Pero aun así, para preservarlos de la humedad es necesario que el agua sea repelida por los materiales escogidos. El conocimiento necesario de los pájaros en este difícil proceso ha evolucionado a través de miles de años y ha sido programado en sus genes con el fin de que hagan una selección de materiales correcta en todo momento, siempre que los puedan obtener en cantidad adecuada. Pero por supuesto, éste no es el caso cuando un colibrí escoge construir su nido, por ejemplo, en el centro de una ciudad grande y moderna como Panamá. Entonces, es fascinante observar cómo se ve obligado a substituir algunos de los materiales naturales por los productos sintéticos de la industria humana. Un nido en el jardín de un amigo mostraba claramente el amplio uso de fibras hechas por el hombre y otra vez uno hasta se interesó en mi cabello gris. Vino directamente hacia mí y revoloteó justamente por encima de mi cabeza, mientras trataba de descubrir algunas hebras sueltas para el nido que estaba construyendo en un árbol de mango.

A pesar de sus muchas similitudes, cada especie diferente de pájaro ha desarrollado técnicas individuales en la construcción de sus nidos, y este mismo individualismo es también evidente en la escogencia del sitio. Algunos están colocados virtualmente sin protección, en arbustos bajos, cerca del

popular among the lady visitors, and thereby nature is again ensuring the survival of the fittest. There is certainly something favorable to be said for this method of selection, which has helped generate more than 356 different species of hummingbirds and some of the most exquisite creatures on our planet. Maybe the males of some species don't group together, but their decision to operate as individuals in search of partners is by no means a sign that they have a greater sense of responsibility. They are all equally adamant about delegating all the work of raising the family to the females.

As often happens in nature, the male makes the advances, but the final decision of acceptance is made by the female, who will make a very careful selection of the father of her children. First of all, the male lover will have to convince his favorite of the moment of his superior attributes. This is the time when he has to display his brilliant iridescent colors in the best possible way, and without ever having seen his reflection in a mirror, the male knows instinctively how to pose in the air in front of the female so that the sun is directly behind her and can illuminate the splendid colors of his plumage to the best advantage. And to be even more irresistible, he performs the most daring flight maneuvers, rising to the tops of the tallest trees and swooping down, almost crashing into the ground, and then back. Or he tries to impress her by repeatedly imitating the motion of a pendulum while passing very close to her at the lowest point of the curve.

Very few people have actually witnessed the act of mating that follows this dazzling display, but the event is known to be of very short duration and is performed entirely or at least partly in the air, until the couple falls to the ground with wings flapping. Anyway, as soon as the mating is over, the two lovers separate immediately with no sign of further interest in each other, and go their merry ways. The male returns to his normal activities among the flowering trees, while the moment has now come for the female to start building her nest. The male, as you may have imagined, is polygamous and promiscuous, and will immediately be looking for other spontaneous adventures. But let's leave him with his conquests and follow the female who has been courted, as she immediately begins to build her nest, seemingly without thinking of anything other than the continuation of the species.

Hummingbirds are, without any doubt, the most advanced avian architects. Their tiny nests all display an elegant and thoughtful construction. They use their down to coat the inside of the hollow where they lay eggs, whereas coarser material is used for the exterior. Often the final exterior decoration consists of small pieces of lichen, which provide an effective camouflage to avoid detection. As reinforcement, they invariably use stolen spider webbing. This serves not only to sustain the entire nest, but to hold it to the supporting branch. The appearance, once completed, is exquisite, and the dedicated expectant mother continues the decoration by adding finishing touches even after she has laid the eggs and begun incubation.

We should note that although her nest-building seems to take place with ease, it is actually an enormously complicated process. The correct selection of appropriate materials is of vital importance. They must be strong enough to hold the nest in place, even when the strongest winds are blowing. And the females know instinctively where and how to install their nests for maximum protection against tropical downpours. But in order to preserve them from moisture, it is necessary that water is repelled by the materials she has chosen. The necessary knowledge of the birds in executing this difficult process has evolved over thousands of years and has been programmed in their genes, so that they make a correct selection of materials at all times, as long as they can get it in adequate quantities. But of course, this is not always the case, for example, when a hummingbird decides to build her nest in the center of a large modern city such as Panama. It is then fascinating to see how she manages when she is forced to replace some of the materials in nature with synthetic products. A nest in a friend's garden showed clearly the extensive use of

suelo. Otros se encuentran arriba, en las copas de los árboles. Los Ermitaños sujetan sus nidos debajo de una hoja de palma que sirve de techo verde. Estos sitios no ofrecen medios para apoyarse, de manera que cuando el trabajo comienza, debe hacerse totalmente al vuelo. Primero la tela de araña es envuelta alrededor de la punta de la hoja. Luego, le sujeta fragmentos de vegetación a la tela hasta formar un pequeño entrepaño que se proyecta desde el lado interior de la hoja en donde ahora puede posarse, mientras le da al resto del nido la forma de una copa que luego sostendrá sus huevos.

Uno de los nidos más interesantes es el del Ermitaño Hirsuta. Cuelga de un cable sólido de tela de araña desde algún punto de apoyo en lo alto. Como el cable de suspensión está sujetado en un solo punto en el borde de la copa abierta, bajo condiciones normales el nido se inclinaría bastante y los huevos se caerían si su constructor no incorporara un detalle muy elegante para evitarlo. Directamente debajo del punto de unión, también con una tela de araña, sujeta pequeños terrones de arcilla seca o piedras, que cuelgan suspendidas por debajo de la base del nido y actúan como contrapeso para evitar que se incline y que los huevos caigan. Estos curiosos nidos se encuentran generalmente en lugares bien protegidos, debajo de puentes o colgando del techo dentro de edificios oscuros. La mayor parte de la construcción debe ser realizada en vuelo, y todos los materiales son transportados en el pico al sitio escogido. Una vez encontré un nido de esta clase abandonado y decidí traerlo a casa para estudiarlo con detenimiento. Descubrí que el cable de suspensión era tan fuerte que no podía arrancarlo sin dañar el resto del nido, y tuve que utilizar un cuchillo para cortarlo.

Casi invariablemente, el colibrí pone 2 diminutos huevos blancos de una forma más bien larga y angosta. Los más pequeños no miden más de 12 milímetros de largo y 8 de ancho. Usualmente los huevos son puestos temprano en la mañana, con un intervalo de 2 o 3 días entre el primero y el segundo. La estación de nidación varía de una especie a otra, pero frecuentemente

sin límites bien definidos. También es muy común que una hembra tenga 2 y hasta 3 empolladuras durante el transcurso de un año calendario. En tales casos, a menudo utilizará el mismo nido, de manera que es aconsejable no remover un nido vacío, al menos que se esté absolutamente seguro de que el propietario ha abandonado el área. La incubación de los huevos tomará normalmente entre 2 y 3 semanas, y como lo mencionamos antes, es efectuada exclusivamente por la hembra. Durante el día, puede sentarse sobre sus huevos por menos de un minuto o hasta por 3 horas, con interrupciones para alimentarse que duran de unos pocos minutos, hasta casi media hora. Como sus ausencias del nido son generalmente cortas, usualmente mantienen sus huevos cubiertos durante el 60 al 80% de las horas del día, lo cual significa un gran esfuerzo para pájaros tan pequeños. Como dijimos anteriormente, los colibríes raramente se adormecen en las noches frías durante la incubación o mientras los hijuelos son pequeños e indefensos. Más aún, se ha probado que una hembra, en una noche fría arriba en las montañas, fue capaz de mantener sus huevos a una temperatura de aproximadamente 20 a 25°C por encima de la temperatura del aire, una hazaña imponente para una criatura tan diminuta.

Los colibríes dejan sus polluelos en un estado aún menos desarrollado que la mayoría de los pájaros cantores. Son pequeñas protuberancias, desagradables y feas, tienen los ojos fuertemente cerrados, sus picos apenas han comenzado a formarse, y de cubierta sólo tienen dos hileras de plumas a lo largo del centro de su lomo. La mayoría nunca adquiere una capa plumosa, sino que permanecen desnudos hasta que desarrollan el plumaje con el cual dejarán el nido. Cuando la madre viene a alimentar a su prole nada es visible en su pico, el cual introduce tan profundamente en sus gargantas, que quien observa el acto casi teme por sus vidas. Luego, mediante un esfuerzo muscular bastante violento, hace subir el alimento y lo pasa a los pequeños. Casi siempre divide el alimento en partes iguales entre los dos, regurgitando en cada uno de ellos una o más veces,

man-made fibers. And while I was looking at it, the female even displayed serious interest in my gray hair. She came straight to me and hovered just above my head while trying to find some loose strands for the nest she was building in a mango tree nearby.

Despite their many similarities, each hummingbird species has developed its own individual nest-building techniques, and the same individualism is also evident in their choice of location. Some are placed on low shrubs near the ground with virtually no protection. Others are placed high up in the treetops. Some Hermits place their nests under the cover of a green palm leaf, which serves to protect the nest against rain. These sites provide no means of support, however, so the initial work has to be performed entirely on the fly. First, strands of spider web are wrapped around the tip of the leaf. Then leaf fragments are used to provide a small shelf on the inner side of the leaf and where the female can now land while she builds the rest of the nest in the shape of a cup to hold the eggs.

Almost invariably, the tiny hummingbird lays 2 white eggs, rather long and narrow; the smallest not larger than 12 millimeters long and 8 wide. One of the most interesting hummingbird nests I have ever seen was that of the Roufus-breasted Hermit. They often hang suspended from a rope made of several strands of spider web and are firmly attached to an overhead support.

But as the lower end of the rope is attached to a single point on the rim of the open nest, it would normally tilt so that the eggs fall out unless something is done to prevent it. However, these very clever little builders know exactly how to prevent this by attaching a counter balance to the lowest tip of the nest directly under the point on the upper rim, where the suspension cable is affixed. The counterbalance is also attached with several strands of spider web and consists of small pebbles or lumps of clay. These nests are generally well protected as they are found hanging under bridges or from the ceiling in dark buildings. But keep in mind that most of the construction must be performed in flight, and all the materials have to be transported to the site in the beak of the builder. I once found such an abandoned nest and decided to take it home to study it thoroughly. And then I found it was so firmly attached with the overhead suspension cable, that I could not get it down with my hands without damaging the rest of the nest and had to cut it loose with a knife.

The eggs are laid usually early in the morning, with an interval of 2 to 3 days between the first and second. The nesting season varies from one species to another, but generally without clear boundaries. It is also fairly common for a female to have 2 or 3 batches of chicks in a calendar year. In such cases, they often use the same nest, so it is not advisable to remove an empty

Campylopterus hemileucurus

51

en cada visita al nido. Como en otros pájaros que alimentan a sus hijos por regurgitación, los colibríes traen alimento al nido un promedio de 1 o 2 veces por hora.

Cuando los pichones tienen aproximadamente 16 días de nacidos, en su mayoría ya están bastante desarrollados y cubiertos de plumaje. También han dejado su fealdad original y están comenzando a ejercitar sus alas vigorosamente, sosteniéndose del nido para evitar ser aventados. Los ejercicios de las alas son necesarios para su desarrollo y es importante que el nido esté colocado en tal forma que puedan realizarlos sin que choquen contra algún obstáculo. Cuando tienen aproximadamente de 3 a 4 semanas, los jóvenes colibríes están listos para ensayar sus alas en vuelo pero durante los primeros días continúan retornando al nido para pasar allí la noche. En este período la madre continúa atendiéndolos, alimentándolos mientras son incapaces de cuidarse solos, al mismo tiempo que les enseña cómo seguir adelante por sus propios medios. Este lapso puede durar entre 4 a 6 semanas, a partir del momento en que dejaron por primera vez el nido por propia iniciativa. Los colibríes jóvenes no siguen constante-

mente a su madre, como lo hacen muchos otros pájaros, sino que frecuentemente tienen un lugar de reunión especial, donde la madre viene a alimentarlos. Pero si no están cuando llega, ella suele posarse allí y llamarlos. Y poco a poco van madurando, hasta el momento en que la madre cesa de cuidarlos y entonces deben independizarse. Este es un momento crucial debido a su falta general de experiencia y al poco conocimiento de los peligros que les amenazan. Con respecto a esto, es interesante notar que el celo territorial de los miembros de su propia clase puede ser uno de los grandes obstáculos para la supervivencia. Siempre que entran en el territorio de algún pájaro mayor, son inevitablemente espantados y, en esta fase de su desarrollo, no son lo suficientemente fuertes para defenderse por sí solos en un combate aéreo.

La competencia para la sobrevivencia es difícil, pero si un macho mayor tiene la impresión de que algún joven está tratando de reemplazarlo entre las damas del lugar, el resultado podrá ser catastrófico. En estos casos, también la naturaleza acude en su ayuda. Cuando el macho y la hembra son iguales, como en el caso del Orejivioláceo Verde, no hay mayor necesidad de una intervención especial, pero la diferencia de apariencia entre el Garganta de Rubí macho y la hembra es demasiado pronunciada para que haya un error de identificación. Esta es, sin duda, la razón que el plumaje de un Garganta de Rubí macho joven es casi idéntico al de la hembra y totalmente diferente del de su padre. No es sino hasta el segundo año, después de su muda, que el joven macho despliega todo el esplendor de su plumaje adulto. Pero cuando esto sucede ya conoce lo suficiente del mundo para cuidar sus propios intereses. Sin duda, la naturaleza ha escogido un método muy elegante para asegurar la permanencia de estas magníficas criaturas, al ayudarlos a esconder su verdadera identidad durante el período más difícil de su vida.

Archilochus colubris

nest, unless you are absolutely sure that the owner has abandoned it. The incubation of the eggs normally takes 2 to 3 weeks, and as previously mentioned, it is carried out solely by the female. During the day, she may sit on her eggs for less than a minute or up to 3 hours, with breaks to search for food, which last from a few minutes to half an hour. As the absences from the nest are generally short, she usually covers the eggs during 60 to 80% of the daylight hours, which is a great effort for these small birds. And as also mentioned earlier, females rarely go into torpor on cold nights during incubation or while the chicks are small and defenseless. It was even proven that a female, on a cold night in the mountains, was able to keep her eggs at a temperature of about 20 - 25°C above the temperature of the air, an impressive feat for such a tiny creature.

When the chicks hatch they are even less developed than those of most songbirds. They are little lumps, nasty and ugly, with eyes shut tightly and beaks that have only just begun to form, and they are only covered by two rows of feathers along the center of the back. Some never acquire a feathery coat, but remain naked until they develop the plumage with which they leave the nest. When the mother feeds her young, nothing can be seen in her beak, which she plunges so deeply into their throats, that whoever observes the act is almost afraid for their lives. Then, through a rather violent muscular effort, she brings up the food and regurgitates it to the chicks, and it is almost always divided equally between the two. As in other birds who feed their chicks by regurgitation, hummingbirds bring the food to the nest on an average of once or twice per hour.

When the chicks are about 16 days old, they are already well developed and covered with feathers. They have also lost their original ugliness and are beginning to exercise their wings vigorously, holding on to the nest to avoid falling out. The wing exercises are essential for their development and it is important that the nest was placed so that they can perform them without crashing into obstacles. When they are about 3 to 4 weeks, young hummingbirds are ready to test their wings in flight, but initially they continue to return to the nest to spend the night. During this period the mother continues to feed them and teach them how to get ahead, as they are still unable to care for themselves. This period can last between 4 to 6 weeks from the time they first left the nest on their own initiative. The young hummingbirds are not constantly with their mother like many other birds, but they often have a special meeting place, where she comes to feed them. And if they aren't there when she arrives, she usually stays and calls them. They mature little by little until the moment comes when the mother ceases to care for them and they have to become independent. This is a crucial time because of their general lack of experience and little knowledge of the dangers that threaten them. It is here worth mentioning that the territorial zeal of members of their own family can be a major obstacle to their survival, because whenever they enter somebody else's territory, they are inevitably frightened off and they aren't strong enough yet to defend themselves in a dogfight.

The fight for survival is difficult enough, but if an older male gets the impression that a youngster is trying to replace him with the ladies, the result can be catastrophic. In these cases, nature also comes to the rescue. When the males and females look alike, as in the case of the Green Violetear, there is no need for special intervention, but the difference in appearance between the male and female Ruby-throated Hummingbird is too pronounced to be misidentified. This is undoubtedly why the plumage of a young male Ruby-throat is almost identical to that of his mother and totally different from that of his father. It is not until after their second year molt that a young male gets to display the splendor of his adult plumage, and when this happens, he already knows enough of the world to protect himself. But there is no doubt that nature has again chosen a very elegant way to ensure the survival of these magnificent creatures by helping them hide their true identity during the most difficult period of their lives.

Actividades diarias

CONOCIENDO LA IMPORTANCIA que representa la búsqueda de alimentos en la vida de la mayoría de los colibríes, podríamos preguntarnos si tienen tiempo para alguna otra actividad. La verdad es que si nuestros pequeños amigos están bajo cualquier clase de presión, para mantenerse ellos y a sus pequeños, el sólo observar sus actividades normales no nos permite llegar a tal conclusión. Su increíble velocidad puede dar al observador casual una impresión de desasosiego, pero un examen más cuidadoso pronto le revelará una imagen totalmente diferente. La realidad es que los colibríes están totalmente seguros de sí mismos, y es precisamente su velocidad la que les ha permitido desarrollar tal sentido de supremacía y de esa forma realizar todas sus tareas diarias aparentemente sin esfuerzo.

El día promedio de un colibrí comienza con el alba, antes de salir el sol. Si la temperatura durante la noche ha descendido a un nivel particularmente bajo, presumimos que ha pasado en estado de adormecimiento con el fin de sobrevivir sin sufrir una gran pérdida de energía. Esto significa que, temprano en la mañana, la temperatura de su cuerpo estará aproximadamente igual a la del medio que lo circunda y que sólo necesitará el calor del sol para elevarla, recuperando así el ritmo normal del pulso. Este proceso puede durar desde unos pocos minutos hasta casi una hora, y, durante este período, el pájaro es incapaz de moverse y por lo tanto, está completamente indefenso. Mientras está adormecido, puede ser levantado de su percha y sostenido en la mano sin que reaccione. Esta condición de los colibríes de ponerse en coma es conocida desde hace muchos años. En 1653, el Padre Bernabé Cobo escribió en su *Historia del Nuevo Mundo* que el "despertar" de los colibríes fue utilizado por los jesuitas mexicanos para explicar el misterio de la "resurrección" a los indios. De acuerdo con este buen Padre, los jesuitas mexicanos no eran los únicos que conocían este hecho, porque según explica: "he oído que las mujeres chilenas apresuran la resurrección de los colibríes abrigándolos en sus pechos. De aquí que han llegado a llamarlos los pájaros resucitados". Sin embargo, con el clima tan placentero y benigno que prevalece en el Valle de Chiriquí, pasar la noche en estado de adormecimiento es casi una excepción. Generalmente, los pájaros de esta región pasan la noche en un sueño normal. Bajo tales condiciones, nuestro pequeño amigo comenzará el día sin más ceremonias que respirar y flexionar sus alas cuando se deja ver el primer rayo de luz. Tan pronto como el sol está lo suficientemente alto en el cielo para hacer claramente visibles las flores, comienza la ronda matinal alrededor de su territorio para ir recuperando la energía que perdió en el frío de la noche, y normalmente continúa forrajeando, con unos cortos períodos de descanso, hasta aproximadamente las 11:00 de la mañana, cuando es hora de su baño diario.

El baño es tan importante para nuestras joyas voladoras, como lo es para muchos otros pájaros y animales, o para los seres humanos, pero los métodos pueden variar de acuerdo con la localización y según las especies. El rocío de una corriente montañosa, clara y rápida, como la que aún puede encontrarse en el Parque Nacional de Guatopo en Venezuela y en varios otros lugares, se encuentra entre los más populares. Es maravilloso observar a estos centelleantes pájaros deslizarse por la superficie del agua, casi sin tocarla, o moviéndose hacia atrás y adelante a través de una pequeña caída de agua. Pero en ausencia de instalaciones tan "lujosas", un pequeño charco de agua de lluvia en el suelo basta para algunas clases de pájaros, mientras que otros prefieren chapotear en la superficie húmeda de las grandes hojas del árbol de cambur o en un follaje similar, después de una tormenta. Y en Chiriquí, durante la estación seca, cuando la gente riega sus jardines, no es raro ver un cierto número de resplandecientes colibríes persiguiéndose entre sí mientras entran y salen del rocío de la manguera. Después de un período largo de sequía, he llegado a contar hasta sie-

Daily Activities

Campylopterus cuvierii

KNOWING THE IMPORTANCE that the search for food represents in the lives of most hummingbirds, we might ask whether they really have the time for any other activity. But if our little friends are under any kind of pressure to keep themselves and their offspring alive, mere observation of their normal activities doesn't permit such a conclusion. Their incredible speed may provide the casual observer with an impression of restlessness, but a more careful examination soon reveals a totally different picture. It is their speed that allows them to develop a sense of supremacy and thereby conduct all their daily activities in a seemingly effortless manner.

The average day of a hummingbird begins at dawn, before sunrise. If the night temperature dropped to a particularly low level, we assume it entered a dormant state, or torpor, in order to survive without suffer-ing a great loss of energy. This means that early in the morning its body temperature will be approximately equal to that of the surrounding environment, and it will need the sun's heat to warm it and thereby restore the normal rhythm of its pulse. This can take from a few minutes to nearly an hour, and meanwhile the bird is unable to move and completely helpless. While asleep, it can be lifted from its perch and held in the hand without reacting. The torpor condition of hummingbirds has been known for many years. In 1653, Father Bernabe Cobo wrote in his *History of the New World* how the hummingbird awakening was used by the Mexican Jesuits to explain the mystery of the "resurrection" to the Indians. According to this good Father, the Mexican Jesuits were not the only ones who knew this because he says: "I have also heard it said that Chilean women hasten the resurrec-

te bañistas a un mismo tiempo, al abrir el agua en el jardín.

Como mencionamos antes, los colibríes son extremadamente celosos de su territorio, pero por supuesto sólo unos pocos tienen la fortuna de poseer un lugar apropiado para bañarse en su propio territorio. Esto obliga a muchos a invadir otros territorios o a mezclarse con otros pájaros en terreno neutral, a la hora del baño. El resultado es que frecuentemente el espacio aéreo que rodea un lugar popular de baño se convierte en escenario de fieras batallas cuando los invasores y los invadidos se persiguen a través del rocío del agua o por el follaje húmedo. Es durante estos momentos de combate aéreo que los colibríes ejercitan y demuestran sus técnicas de vuelo más avanzadas, descendiendo en picada y remontándose, haciendo círculos y moviéndose en forma de péndulo con una precisión infalible. En lugar de buscar el contacto corporal, tra-

tan de aventajarse uno al otro, ejecutando maniobras y pareciera que consideraran la persecución más como un ejercicio y un juego, que una lucha a muerte. Nunca usan sus picos para tratar de lastimar, aunque algunos pueden mostrar señales de haber perdido plumas como consecuencia de una colisión en pleno vuelo. Pero como sucede siempre en el mundo animal, hay un porcentaje de azar en las luchas de este tipo, y el débil o el inexperto corre el riesgo de chocar contra los árboles o las ramas, mientras trata desesperadamente de escapar de sus perseguidores.

Después de bañarse y tras media hora de juegos en el aire, es tiempo de cuidar la apariencia y el colibrí es tan meticuloso como una estrella de cine. Limpia el pico cuidadosamente contra la rama en la que está sentado y remueve el más pequeño sedimento con la ayuda de sus garras. Luego el plumaje debe ponerse en orden. Durante

Amazilia edward

tion of the hummingbirds by letting them rest on their breasts. From thereon they came to call the birds resurrected." But with the pleasant and mild climate that prevails in the Valley of Chiriqui, spending the night in a state of torpor would be quite an exception. Generally, the birds of this region spend the night in normal sleep. Under these conditions, our little friend will start the day without ceremony by stretching its wings when seeing the first ray of light. As soon as the sun is high enough in the sky to make the flowers clearly visible, it starts the morning rounds in its territory to recover the energy lost during the cold night, and it usually continues foraging, with short periods of rest, until about 11:00 o'clock when it's time for its daily bath.

The bath is as important to hummingbirds as it is to most other birds, animals and humans, but methods may vary by location and species. Dew from a clear and fast mountain stream, as can still be found in the Guatopo National Park in Venezuela and in various other places is among the most popular, and it is wonderful to watch the birds glide across the sparkling water surface, almost without touching, or moving back and forth through a small waterfall. But in the absence of such luxurious facilities, a small pool of rainwater on the ground is sufficient for some birds, while others prefer to flutter on the wet surface of large leaves during a rainstorm. And during the dry season in Chiriqui, when people water their gardens, it is common to see a number of dazzling hummingbirds chasing each other while entering and leaving the hose spray. After a long period of drought, I have counted up to seven bathers at one time, when I turned on the water in the garden.

As already mentioned, hummingbirds are extremely jealous of their territory, but only a few are fortunate enough to have a place to bathe in their own territory. This forces many at bath time to invade the territories of others or to mingle with other birds on neutral ground. The result is that the airspace surrounding a popular bathing place is often the scene of fierce battles when the invaders and the invaded pursue each other through the water spray or wet foliage. It is during these moments of aerial combat that hummingbirds exercise and demonstrate their most advanced flying techniques, swooping and soaring, circling and moving in a pendulum with unerring accuracy. Instead of looking for body contact, they try to outdo each other by executing complicated maneuvers, and persecution seems to be more an exercise or a game than a fight to the death. They never use their beaks as a weapon, although some may show signs of having lost feathers in a midair collision. But as always in the animal world, there is a random percentage of struggles of this kind, and the weak and the inexperienced run the risk of hitting trees or branches while desperately trying to escape their pursuers.

After bathing and a half hour of games in the air, it's time to take care of the appearance, and the hummingbird is as meticulous as a movie star. It carefully cleans its beak against the branch where it is sitting and removes the smallest sediment with the help of its claws. Then the feathers should be in order. During the preening process, it meticulously examines and adjusts each wing and tail feather with the help of its beak. It's easy to understand that a creature, whose life depends entirely on its ability to fly, can't allow any part of its plumage to be damaged or dirty, and it is clear that evolution has reserved ample space for this knowledge in the genes that control its instinctive behavior. And the ceremony won't be complete until the last bit of dirt is removed and each feather put in its proper place. This is the most enjoyable part of daily life of a typical hummingbird, when energy needs have been satisfied and a refreshing bath, maybe accompanied by some invigorating air exercises, have added additional pleasure to another glorious day in the hot tropical sun. And now the result is immaculate. For some birds, such as the Ruby Topaz, it may be time to catch a few insects to get the necessary protein for proper nutrition, but the hottest part of the day, around 1:00, is approaching. That's when most of the birds seek a branch in the

este proceso, limpia meticulosamente cada pluma de las alas y la cola y con la ayuda del pico, las coloca en su lugar. Es fácil comprender que una criatura cuya vida depende completamente de su habilidad de vuelo, no puede permitir que ninguna parte de su plumaje se deteriore o ensucie, y es evidente que los cambios evolutivos han reservado amplio espacio para este conocimiento en la parte de sus genes que controlan su comportamiento instintivo. Y la ceremonia no estará completa hasta que la última mancha de suciedad ha sido removida y cada pluma puesta en su lugar apropiado. Este es el momento más agradable en la vida diaria de nuestro colibrí típico, cuando las necesidades de energía han sido colmadas y un baño refrescante, a lo mejor acompañado de algunos vigorizantes ejercicios aéreos, agregan un placer adicional a otro glorioso día bajo el caliente sol tropical. Y ahora, su arreglo es inmaculado. Para algunos pájaros, como el Topacio Rubí, éste puede ser el momento de cazar unos pocos insectos para obtener el suplemento de proteínas necesario para su debida nutrición, pero nos estamos aproximando a la hora más caliente del día, alrededor de la 1:00. Es entonces cuando la mayoría de estos pájaros buscan una rama en la sombra para tomar su siesta. Ciertamente los colibríes pertenecen a esa parte del mundo para los que la siesta les es esencial.

Es fascinante observar cómo las visitas de los colibríes a sus flores favoritas se van haciendo progresivamente más frecuentes durante las primeras horas de la mañana, hasta llegar al momento más ocupado, alrededor del mediodía. Un poco después, la actividad alrededor de las flores decae hasta un virtual cese mientras están bañándose y realizando su arreglo diario. Esta calma dura generalmente hasta que termina la siesta. Algunos duermen, pero otros simplemente buscan una rama en la sombra donde se sientan tranquilamente y observan todo lo que está pasando. Solamente el movimiento del pico cuando se voltean para mirar lo que está en el suelo y en el aire revela su intensa curiosidad, aun durante este período de completa relajación. Duran-

te este período cálido del día, su consumo de energía está al nivel más bajo, lo que les permite descansar por un rato antes de reanudar la agitada búsqueda de néctar en los alrededores floridos.

Por lo general, los colibríes recomienzan sus actividades normales hacia las 2:00 de la tarde, cuando se hace necesario comenzar a formar la reserva de energía que los sostendrá durante la noche que se avecina. Ahora la necesidad es más urgente porque después que oscurece no es posible alimentarse y es algo más difícil encontrar néctar en las tardes que en las mañanas. Algunas flores han comenzado a cerrarse, y en otras el suministro ha sido prácticamente agotado por las repetidas visitas del pájaro en las horas anteriores. Como resultado, la búsqueda de nuevas flores se intensifica y las que fueron ignoradas durante la mañana por ser menos accesibles, ahora pueden ser incluidas en los programas de visita. Al mismo tiempo, la cantidad de insectos consumidos aumenta, en parte para asegurar la dieta balanceada que requieren, pero probablemente también para compensar la reducción de néctar disponible cuando el día está llegando a su fin. Esta forma de alimentación continúa aún después del ocaso, cuando queda tan poca luz que las flores ya no se distinguen. Este es el momento para regresar a un sitio abrigado donde podrá pasar la noche a salvo de los devoradores nocturnos, como los gatos y los búhos. Sabemos que los colibríes son criaturas de hábitos y que regresan al mismo lugar durante muchas noches, hasta que por una u otra razón se hace necesario encontrar un nuevo sitio. Pero para encontrar el lugar donde un colibrí pasará la noche es necesario observarlo y seguirlo sin interrupción durante los momentos finales del día, porque una vez que se acomoda para pasar la noche, se mezcla totalmente con lo que le rodea, y es virtualmente imposible descubrirlo. En lugar de echar la cabeza hacia atrás, para descansar y ocultarla entre las plumas del hombro, como lo hacen la mayoría de los pájaros, los colibríes duermen con el cuello retraído, la cabeza visible y el pico apuntando hacia adelante, un poco

shade for their siesta, because humming-birds certainly belong to that part of the world where the siesta is essential.

It's fascinating to watch how the hummingbirds' visits to their favorite flowers become progressively more frequent during the early hours of the morning, until it reaches the busiest time, around noon. A little later the activity around the flowers drops to a virtual halt while they bathe and preen themselves. This usually lasts until the siesta begins, when some sleep and others simply seek a branch in the shade to sit quietly and watch everything that's going on. Only the movement of their beak as they turn to look at the ground and up in the air reveals their intense curiosity even during this period of complete relaxation. During the warm period of the day, their energy consumption is at its lowest level, allowing them to rest for a while before resuming the search for nectar around the flowers.

Usually the hummingbirds recommence their normal activities about 2:00 in the afternoon, when it becomes necessary to begin building the energy reserve that will sustain them during the coming night. And now the need is more urgent because they can't eat after dark, and in the evening it is more difficult to find nectar than in the morning. Some flowers have started to close, and the supplies of others have been virtually exhausted by the birds due to repeated visits in the previous hours. As a result, the search for new flowers intensifies, and those that were ignored in the morning for being less accessible are now included in the visiting programs. At the same time, the number of insects consumed increases, in part to ensure the balanced diet they need, but probably also to compensate for the reduction of nectar available when the day is coming to an end, as this form of energy lasts even after sunset, when the flowers become invisible. It is now time to return to a warm place where they can spend the night safe from nocturnal predators, such as cats and owls. We know that hum-

Amazilia tsacatl

59

Selasphorus flammula

inclinado hacia arriba.

Otro día lleno de acción ha transcurrido en la vida de nuestro colibrí, pero hasta ahora hemos ignorado todos esos hechos impredecibles que tienden a interferir con su ordenada existencia cotidiana. Mientras que atiende sus actividades como alimentarse, bañarse, tomar el sol y espantar a los intrusos de su territorio, se ha tomado también tiempo para investigar cualquier cambio en la escena familiar. Colocando cualquier objeto llamativo cerca de uno de los lugares de alimentación del colibrí, podrá observarse cómo muy pronto el propietario del territorio se aproximará cautelosamente a examinarlo. Revoloteando a su alrededor, a una distancia prudente, lo examinará desde cada ángulo, en un esfuerzo por determinar si por casualidad una nueva fuente del delicioso néctar ha sido incorporada o si el nuevo objeto representa algún peligro. Siempre que instalo un equipo de fotografía en una nueva área se repite este proceso. El pájaro no deja nada al azar, sino que dará vueltas alrededor del trípode, de la cámara y del flash electrónico, hasta estar completamente seguro de que toda esta masa brillante no representa riesgo para su seguridad. Cualquier objeto de color, en particular si es rojo, será inspeccionado aún más de cerca, y quizá hasta probado con la punta de la lengua, para comprobar si es una nueva clase de flor. Pero después de que se ha asegurado que ninguno de estos objetos nuevos da muestras de ser un agresor, y ni de tener algún valor nutricional, son aceptados entre los componentes conocidos de la escena familiar y en adelante, ignorados. Otros hechos, tales como una tormenta tropical o ataques por parte de los devoradores, pueden interferir con la rutina diaria de los colibríes, pero en lugar de intentar comentar tales eventos impredecibles, exploramos quiénes son sus amigos y sus enemigos.

mingbirds are creatures of habit and often return to the same place for many nights until they need to find another site for one reason or another. But in order to find where a hummingbird spends the night, it is necessary to observe and follow it without interruption during the final moments of the day, because when it finally settles down, it totally blends with its surroundings and is virtually impossible to locate. Rather than hiding its head under its wing, as most birds do, hummingbirds sleep with the neck retracted, the head visible and the beak pointing slightly upward.

Another action-packed day in the life of our hummingbird has passed, but so far we have ignored the unpredictable events that tend to interfere with its orderly daily life. While attending to activities such as feeding, bathing and chasing away intruders in the territory, it has also taken the time to investigate any changes in the local scene. Place any striking object near the perch of a hummingbird, and see how soon it will approach cautiously to examine it. Hovering at a safe distance, it will examine it from every angle to determine if by chance a new source of delicious nectar has been provided or if the new object represents any danger. Whenever I have placed a camera in a new area, this process is repeated. The bird leaves nothing to chance, but will hover around the tripod, camera, electronic flash or any similar object to ensure it poses no risk to its safety. And if any object has even a spot of red coloring, it will be inspected even more closely and perhaps even tested with the tip of the tongue, to see if it is a new kind of flower. But after ensuring itself that the object is harmless and has no nutritional value, it will be accepted as part of the local scene and otherwise ignored. Other unpredictable events, such as tropical storms and attacks by predators may similarly interfere with its daily routine, but rather than discussing these events we will proceed to explore who their friends and enemies are.

Eugenes fulgens

61

Enemigos y amigos

SE HA DICHO que los colibríes tienen pocos enemigos naturales y probablemente hay algo de cierto en esta afirmación. Ellos se mueven tan velozmente y con tanta confianza, que es difícil imaginar que otras criaturas vivientes constituyan una seria amenaza para su seguridad. Sin embargo, es posible nombrar algunas. Es cierto que tienen miedo por abejas y avispas, especialmente cuando ellos se acercan a sus bebederos. También hay varios relatos publicados sobre cómo los colibríes, al igual que muchos otros pájaros pequeños, atacan furiosamente a las lechuzas durante el día mientras éstas duermen y no pueden defenderse en forma efectiva. Este comportamiento de los colibríes tendería a sugerir que ellos cuentan a las lechuzas entre sus enemigos. Esto no es nada sorprendente ya que durante la noche, cuando las lechuzas salen a buscar alimento, los colibríes se encuentran indefensos contra estos predadores. Su única esperanza es que el lugar que han escogido para dormir esté lo suficientemente cubierto para mantenerlos ocultos.

Pero sus peligros no están completamente superados solamente porque el sol haya vencido a la oscuridad. Desde su puesto de observación en Rancho Grande en Venezuela, el doctor William Beebe siguió los acontecimientos y estudió el comportamiento de una familia de Halcones Golondrinas durante muchas semanas mientras criaban a sus hijos, y descubrió, entre muchas otras cosas, que los colibríes estaban incluidos en su menú. Hay otras historias acerca de cómo hasta pájaros más grandes como los Gavilanes y los Halcones Columbarios cazan ocasionalmente colibríes. Normalmente, es la sorpresa que ha probado ser fatal para estos pequeños seres, porque muchas veces son agarrados mientras revolotean inocentemente enfrente de alguna flor.

Bajo tales condiciones, es relativamente fácil para un halcón o un gavilán descender inesperadamente de un cielo claro y azul. Pero una vez que el colibrí ha sido alertado de la presencia de uno de estos devoradores, lo mejor es que renuncie a su caza, porque el colibrí siempre lo aventajará en maniobras. Aparte de estos enemigos obvios, se conocen algunos otros pájaros que atacan y matan a los colibríes bajo circunstancias desacostumbradas. Sin embargo son casos excepcionales y no se puede decir que representan un peligro permanente. Pero los peligros no se limitan exclusivamente a los pájaros, pues se sabe que las ranas grandes, y aun los peces, se han engullido colibríes mientras permanecían demasiado cerca de la superficie de algún lago tranquilo. Debido a su diminuto tamaño, algunas veces también son atrapados en las telarañas grandes, en donde pueden permanecer colgando hasta que, si alguien no los rescata, mueren. Ocasionalmente, si la araña es lo suficientemente grande, llegará hasta envolver a su infortunada víctima en una mortaja de seda y luego chupará su sangre, como si fuera un insecto. Las historias de horror son numerosas, pero lo cierto es que los colibríes tienen pocos enemigos reales en su propio hábitat que los persiguen.

Desafortunadamente, cuando el hombre aparece en escena, esta situación cambia drásticamente. En cualquier vecindario en donde haya gatos domésticos, no pasará mucho tiempo sin que la población de colibríes sea diezmada. Normalmente, los colibríes mayores son lo suficientemente astutos y hábiles para mantenerse fuera del alcance de los felinos, pero los jóvenes raramente sobreviven. Muchos amigos me han preguntado por qué los colibríes no han seguido retornando a sus jardines como acostumbraban hacerlo, y esta es la primera respuesta que se me ocurre. Otro efecto adverso sobre la población de colibríes en Panamá es causado por los cambios en la geografía. Ya que la ciudad está absorbiendo más y más áreas suburbanas y se hace cada vez más difícil para un colibrí llegar desde una de las áreas verdes circundantes a un jardín que está en el centro de la ciudad. Y desafortunadamente el número de jardines está también declinando constantemente porque edificios de apartamentos de muchos pisos están reemplazando

Enemies and Friends

Buteo magnirostris

IT HAS BEEN said that hummingbirds have few natural enemies and there is probably some truth in this statement. They move so fast and with such confidence, it's hard to imagine that other living creatures constitute a serious threat to their security; nonetheless, it is still possible to name a few. They are certainly very wary of bees and wasps, and never let them get close, especially when they hang around the artificial feeders. There are also published accounts of how hummingbirds, like many other small birds, furiously attack owls during the day when the owls sleep and can't defend themselves. This behavior definitely suggests that owls are also among their enemies, which is hardly surprising since at night, when the owls come out to hunt for food, the hummingbirds are equally defenseless. Their only hope is that the area where they sleep provides adequate cover to hide them.

But their dangers are not fully over just because night has turned to day. From his Rancho Grande observation post in Venezuela, Dr. William Beebe studied the behavior of a family of Swallow Falcons for several weeks while they were raising their chicks and discovered, among other things, that hummingbirds were included in their menu. There are also stories about how even larger birds like Sparrow Hawks and Pigeon Hawks occasionally hunt hummingbirds. It is normally the surprise that proves fatal to these little beings, as they are often caught when hovering innocently in front of a flower.

Under such conditions, it is quite easy for a falcon or a hawk to dive down unexpectedly from a clear blue sky. But once the hummingbird has been alerted to the presence of one of these predators, they had better quit their game, because the hummingbird maneuvers always win. Apart

63

las residencias de una sola familia. La situación podría no ser tan mala si el resto del país continuara inalterado durante la expansión de la capital, pero desafortunadamente esto está muy lejos de la verdad. Cada día las áreas de vegetación van siendo reducidas, tumban los árboles para sacar leña y la tierra nueva se ha dejado abierta para propósitos de la agricultura. Supuestamente se están haciendo esfuerzos por reforestar ciertas áreas, pero como muchas de las nuevas especies no son naturales del país, queda por ver si podrán fomentar la fauna originaria de esas regiones. Al mismo tiempo, mientras todas estas cosas suceden, toneladas de insecticidas y herbicidas están siendo empleados para controlar ciertas plagas agrícolas, y a menudo los efectos laterales de estos productos químicos son desconocidos. Una cosa es bastante cierta, sin embargo, y es que ninguna de estas actividades ayuda a los colibríes o a cualquier otra criatura del universo. Sólo podemos esperar que el daño que provocan no sea irreversible.

Hasta ahora, este capítulo ha sido dedicado a los enemigos del colibrí, lo cual hace surgir la pregunta: ¿Quiénes son sus amigos? Contestaré esto en una forma muy personal, afirmando que cada uno que haga algo para ayudarlos es su amigo. Si muchos se deciden a unirse en este esfuerzo, la contribución de cada uno no tendría que ser muy grande. Algunas personas podrían ayudar a reducir la tala innecesaria de árboles que están siendo abatidos a causa de la ignorancia o falta de interés de los responsables. Otros podrían ayudar sembrando los árboles y arbustos preferidos de los colibríes y en lugares que puedan necesitarlos, por ejemplo, en áreas en donde han sido eliminados o en donde han desaparecido por causas naturales. Todos podemos tratar de reducir el uso indiscriminado de químicos peligrosos y eliminar, tanto como sea posible, el uso de insecticidas y herbicidas. Pero sobre todo, debemos entender que estas acciones no sólo ayudarán a los diminutos colibríes sino que contribuirán también a la protección de muchas otras

Polistes perplexus

from these obvious enemies, some other birds are known to kill hummingbirds under unusual circumstances, but they are exceptions and cannot be said to represent a permanent danger. However, the dangers are not limited to birds. Frogs and even fish are known to have swallowed hummingbirds when they have gotten too close to the surface of a calm lake. And because of their small size, they are also sometimes caught in large spider webs, where they may remain hanging until they die, if someone doesn't rescue them. And occasionally, if the spider is big enough, you may find their unfortunate victim wrapped in a shroud of silk and the spider sucking its blood, like an insect. There are many of these horror stories, but in truth hummingbirds have few real enemies in their own habitat that pursue them.

This situation unfortunately changes dramatically when man appears on the scene. In any neighborhood, where there are domestic cats, it won't take long before the hummingbird population is decimated. Normally, hummingbirds are cunning enough to keep out of reach of the cats, but the young rarely survive. Many friends have asked me why the hummingbirds haven't returned to their gardens as they used to, and this is the first answer that comes to mind. Another adverse effect on the population of hummingbirds in Panama is caused by changes in geography. As the city absorbs more and more suburban areas, it becomes increasingly difficult for a hummingbird to get from one of the surrounding green areas to a garden in the city center, and regrettably the number of gardens is also steadily declining as apartment buildings with many floors replace single-family residences. The situation might not be so bad if the rest of the country continued unchanged during the expansion of the capital, but this is far from the truth. Every day areas with vegetation are being reduced, as trees are felled for firewood and the soil has been converted to pasture. Supposedly efforts are being made to reforest certain areas, but as many of the new species are not natives, it remains to be seen whether they can satisfy the native fauna in these regions. And as all these things are happening, tons of insecticides and herbicides are used to control certain agricultural pests, and often the side effects of these chemicals are unknown. But one thing is quite certain; none of these activities help the hummingbirds or any other living creature in the universe. We can only hope that the damage they cause is not irreversible.

So far we have focused on the enemies of the hummingbird, so now we ask the question: Who are their friends? I will answer this in a very personal way by stating that anyone who does something to help them is their friend. If many decide to join in this effort, the contribution of each need not be very large. Some people might help reduce the unnecessary felling of trees that are being chopped down because of the ignorance or lack of interest of those responsible. Others might help by re-planting the hummingbirds' favorite trees and shrubs, for example, in areas where they have been removed or where they disappeared due to natural causes. We can also all try to reduce the indiscriminate use of hazardous chemicals, and eliminate the use of insecticides and herbicides as much as possible. But above all, we must understand that these actions will not only help the tiny hummingbirds but also contribute to the protection of many other species of wildlife. In the end, humanity will be the big winner.

I have deliberately left another way of showing friendship to hummingbirds until the end of this chapter. In order to attract hummingbirds to their gardens, many people use hummingbird feeders, which are containers filled with sugar water. This is, of course, a totally artificial way to feed our little friends, and should therefore only be used when certain conditions are strictly observed. The installation of such feeders is a bit like adopting a child, because the birds become dependent on this food source and may starve if it is suddenly withdrawn. One must also remember that sugar water ferments easily in hot weather, and the fermentation can harm and even kill the birds.

Before providing these feeders, it is therefore important to make sure someone

especies de vida salvaje. Al final, la humanidad será la gran beneficiada.

Deliberadamente he dejado para el final de este capítulo otra forma de demostrar amistad a los colibríes. Con el fin de atraer a los pajaritos a sus jardines, mucha gente emplea diferentes tipos de recipientes con agua azucarada. Esta es, por supuesto, una forma totalmente artificial de alimentar a nuestros pequeños amigos, y por lo tanto deberá ser empleada solamente cuando se observan estrictamente ciertas condiciones. Instalar recipientes alimentadores es un poco como adoptar a un niño, porque los pájaros comienzan a depender de esta fuente de suministro y pueden morirse de hambre si es repentinamente suprimida. Es también necesario recordar que el agua de azúcar se fermenta fácilmente en un clima caliente, y después de fermentado puede perjudicar y aún matar a los pájaros.

Antes de comenzar a proveer alimentadores, es importante asegurarse de que alguien podrá y deseará atender su mantenimiento durante todo el año, incluyendo los días de fiesta y las vacaciones. Esto implica algún trabajo, porque los alimentadores tienen que ser mantenidos absolutamente limpios, para estar seguros de que los pájaros no se envenenarán. Bajo condiciones normales la mejor mezcla es 1 parte de azúcar por 5 partes de agua. Si la mezcla es más diluida no atraerá a los colibríes, y si es demasiado fuerte, puede dañarles su lengua. Es absolutamente esencial cambiar la mezcla de los alimentadores, por lo menos cada 2 días, por lo que sería bueno preparar una provisión para una semana y guardar el resto en la refrigeradora. Si estas condiciones son seguidas meticulosamente, puede por lo menos estar seguro de que no perjudicará a los pájaros que frecuentan los alimentadores. Pero no hay garantía de que esto suceda enseguida y algunas veces se niegan completamente a aceptarla. Yo he colocado algunos bebederos por años sin suerte. Sin embargo, algunos vecinos con alimentadores similares tienen pájaros alimentándose todo el año. Además, a menudo sucede que las Reinitas son las que primero encuentran los alimentadores, y luego llegan tantas que no dan oportunidad a los colibríes. Hay otra regla muy importante acerca de los alimentadores que debe seguirse: Asegurarse que estén ubicados en sitios fuera del alcance de los gatos. De otra forma, pronto se convierten en trampas de muerte, ya que los gatos del vecindario aprendan a esconderse cerca de los bebederos para asaltar sus infortunadas víctimas tan pronto como ellas se aproximen.

Y una vez que los pájaros han comenzado a visitar los alimentadores, es recomendable tener por lo menos 4 o 5 distribuidos por todo el jardín. De otra forma, es posible que solamente un pájaro reclame el alimentador como parte de su territorio y espante a los demás, mientras que con varios alimentadores será posible atraer un número mayor de pájaros. Debe recordarse, otra vez, que este es un método artificial de atraer a los colibríes, y la gente que intente hacerlo deberá estar dispuesta a aceptar la responsabilidad de cuidar a los que respondieron a su invitación. Pero a mi criterio, no hay duda de que el mejor método de invitar a los colibríes a regresar a nuestros jardines es proporcionarles los árboles y arbustos que exhiben sus flores favoritas.

Las plantas varían de los pequeños, de bajo crecimiento, a los árboles gigantes. Un observador paciente puede identificar fácilmente al observar los colibríes en acción, pero aquí están algunas de ellas: Comenzando con las pequeñas plantas que son buenas para macetas y terminando con algunos árboles de mediano tamaño:

- Cohete
  también conocido como Russelia
- Penta
- Lantana
- Hamelia
- Heliconias y Ave de paraíso
- Crocosmia Lucifer
- Orquídeas
- Planta de camarón
- Poinciana enana
  o Orgullo de Barbados
- Cordia (en áreas secas)
- Polvo bocanada
  también conocido como Calliandra

Felis catus

always maintains them properly throughout the year, including holidays and vacations. This involves some work because the feeders must be kept absolutely clean to make sure that the birds aren't poisoned. Under normal conditions the best mixture is 1 part sugar and 5 parts water. If the mixture is diluted it will not attract hummingbirds, and if it is too strong, it can damage their tongue. It is absolutely essential to change the mix in the feeders every 2 or 3 days, and the easiest way is to make a week's supply and keep the surplus in the refrigerator. If these conditions are followed meticulously, you can at least be sure that no harm will come to the birds that frequent the feeders. But there is no guarantee this will happen quickly and sometimes they completely refuse to visit the feeders. I have placed some for years with no luck, yet some neighbors with similar feeders have birds visiting all year. It also happens sometimes that Bananaquits are the first to find the feeders, and when that happens they don't let the hummingbirds get close. And finally, there is another very important rule to follow: Make sure the feeders are placed so that they are out of reach of cats. Otherwise, the feeders will soon become death traps as the neighborhood cats quickly learn to hide nearby so as to assault their favorite victims when they approach.

And when the birds have started visiting the feeders, you should have at least 4 or 5 scattered throughout the garden. Otherwise one bird may claim it as belonging to its territory and scare off all others. With several feeders it will be possible to attract a greater number of birds. But again remember that this is an artificial way to attract hummingbirds, and those who try to do it must be willing to accept the responsibility of caring for those who responded to the invitation. It is therefore my opinion that the best way to invite hummingbirds to your gardens is to provide the trees and shrubs that blossom with their favorite flowers.

The plants vary from small, low-growing ones to giant trees. A patient observer can easily identify them by watching the hummingbirds in action, but here are a few: Starting with small plants that are good for potting and ending with some medium-sized trees:

- Firecracker
   also known as Russelia
- Penta
- Lantana
- Hamelia
- Heliconias and Bird of Paradise
- Lucifer – Crocosmia
- Orchids
- Shrimp Plant
- Dwarf Poinciana
   or Pride of Barbados
- Cordia (In dry areas)
- Powder-puff
   also known as Calliandra

67

Migración

LA MAYORÍA DE los colibríes en Panamá permanecen todas sus vidas cerca del lugar donde nacieron, aún que algunos cambian sus domicilios dentro del país conforme con las temporadas. Es decir que se trasladan de los planos bajos a las regiones montañosas y viceversa. Pero el caso del Garganta de Rubí es totalmente diferente. Cada año este pajarito realiza un viaje increíble del sitio donde nació en los Estados Unidos o el Canadá para escapar del invierno del Norte y se traslada a sitios con un clima más favorable desde México hasta Guatemala y Panamá. Este tipo de viaje se llama migración, y sigue siendo un gran misterio cómo las aves logran encontrar su camino a través de miles de kilómetros sobre terreno, continuamente sometido a mayores cambios. Bosques son talados y carreteras se extienden, nuevos rascacielos marcan el horizonte y el flujo de ríos se recanaliza para alimentar a nuevas plantas hidroeléctricas. ¿Cómo pueden miles de este minúsculo átomo de un ave, el colibrí Garganta de Rubí, año tras año realizar este viaje de miles de kilómetros y luego regresar a la misma rama del mismo árbol donde nació hace unos 8 meses? No tienen guías ni padres o hermanos para acompañarlos en este viaje, ni un mapa para mostrar la ruta o donde se encuentran las mejores fuentes de alimentos. Al contrario, cada uno de ellos hace lo que parece a los seres humanos un paso imposible totalmente solo. Las aves que migran por primera vez pueden solamente confiar en una habilidad de navegación no probada para llegar a un nuevo domicilio de invierno que nunca han visto. Y lo más impresionante de la migración es que unos 600 a 800 kilómetros de su viaje es sin escalas a través del Golfo de México, donde a veces hay mal tiempo con vientos fuertes y lluvias torrenciales. ¿Cómo lo hacen?

El cuerpo del colibrí es una verdadera planta de energía. Tiene la capacidad de confiar en lo que han llamado su "combustible migratorio". Antes de iniciar el viaje, el colibrí entra en una fase donde pasa mucho más tiempo que lo habitual en la ingestión de néctar y insectos. Durante este tiempo, tienen la habilidad para añadir en exceso de grasa corporal, el 50 al 100% de su peso normal para utilizar como combustible en su viaje. En términos humanos, es como si un hombre de 77 kilos acumularía suficiente grasa en un par de semanas para aumentar su peso a 115 o 154 kilos contra un período corto de esfuerzo extraordinario cuando no puede comer o dormir. Algunos estudios señalan que los colibríes pueden casi duplicar su peso en sólo 7 a 10 días. Además los ornitólogos, que han estudiado su velocidad de vuelo y su gasto energético, estiman que los 2,1 gramos adicionales de grasa es suficiente para que un colibrí pueda volar cerca de 800 kilómetros sin tener que comer. Eso explica por qué son capaces de viajar sin escalas a través del Golfo de México.

Ahora bien, vamos a seguir un viaje hipotético de una joven Garganta de Rubí desde el lugar donde nació cerca de Houston, Texas, hasta la provincia de Chiriquí en Panamá. Allí es donde se quedará durante el invierno del Norte. La foto en la siguiente página de un macho juvenil fue tomada en David, Panamá, en enero del año 2010, brevemente antes del inicio de su regreso al Norte, y es prueba definitiva de que un colibrí, nacido en el verano en los Estados Unidos es capaz de viajar a Panamá el mismo año. Se reconoce que el ave en la foto es un juvenil con menos de 5 a 6 meses de edad, cuando se compara con la foto al inicio de este capítulo, porque el plumaje de su garganta solamente está comenzando a convertirse al color rubí de un adulto.

Es a mediados de junio cuando nuestro viajero ve por primera vez la luz del día, y el 4 de julio toma su primer vuelo de no más de unos metros, antes de torpemente aterrizar en un árbol cerca del nido. Durante los siguiente 30 días se dedica a mejorar su habilidad de vuelo, mientras que su madre le enseña como explorar las flores en los alrededores para luego determinar cuáles ofrecen las más ricas recompensas en néctar. Además, la madre le enseña cómo

Migration

Archilochus colubris

MOST HUMMINGBIRDS IN Panama remain all their lives near the place where they were born, though some move inside the country in accordance with the seasons, that is to say they may move from lower levels to the mountainous regions and vice versa. But the case of the Ruby-throated Hummingbird is totally different. Each year this minute bird makes an incredible journey from where it was born in the United States or Canada to Mexico, Guatemala or Panama so as to escape from the northern winter to areas with a more favorable climate. This type of travel is called migration, and it remains a great mystery how the birds manage to find their way in the air across thousands of kilometers over foreign countries which are constantly changing as forests are felled, roads are extended, new skyscrapers cover the horizon and rivers are rerouted to feed new hydroelectric power plants. How can thousands of this minute atom of a bird, the Ruby-throated Hummingbird, year after year, make this journey of thousands of kilometers and return to the same branch of the same tree where it was born some 8 months before? It has no parents or sibling guides to accompany it on this journey, no map to show the route or where to find the best food sources. On the contrary, each bird makes what to us humans would seem an impossible journey totally alone. Birds that migrate for the first time can only rely on an unproven ability to navigate in order to reach a winter home they have never seen. And the most impressive aspect of the migration is that 600 to 800 kilometers of the voyage consists of flying non-stop across the Gulf of Mexico, sometimes in bad weather with strong winds and torrential rains. How do they do that?

beber el agua azucarada de un bebedero cerca del nido. Pero después de unas 2 o 3 semanas, la madre determina que su prole ya está listo para fender por sí mismo y le obligará a salir de su territorio, ya que su prole se ha convertido en un competidor para su alimentación. Sin embargo, el joven colibrí pronto establecerá su propio territorio de cerca y lo defenderá contra todos los otros colibríes que se acercan, incluso a su propia madre, quien le enseñó todas las técnicas de supervivencia.

En septiembre, cuando nuestro pequeño colibrí apenas tiene 2 meses de edad, algo le dice que es hora de salir de su entorno natal. No sabemos cuál es el factor que provoca este deseo irresistible de emigrar, una urgencia que exige que deja la seguridad del único hogar que ha conocido para trasladarse hacia el sur, y no sabe nada de los peligros que enfrentará en su camino. Al despertar se alimenta en gran medida por varias horas, y por razones que no comprende se dirige al sur hacia lo desconocido. Después de un par de horas de vuelo, se detiene cuando ve a un campo de flores silvestres. No lo sabe, pero está acercándose a un lugar cerca de Rockport en Texas.

Al fin del día, se para nuevamente en un sitio con muchas flores y aquí pasa la primera noche después de salir de su casa. El día siguiente se alimenta toda la mañana, y vuela de nuevo un par de horas durante el mediodía. Podemos asumir que puede mantener una velocidad sostenida de unos 60 kilómetros por hora. A veces tiene que permanecer en un mismo lugar durante varios días debido a las inclemencias del tiempo. Sin embargo, asumimos que a mediados de septiembre ha llegado conjuntamente con miles de otros colibríes a los alrededores de Rockport, cerca de Brownsville en Texas. Eso es un evento que se repita cada año y que se celebra en Rockport con un gran festival, donde una multitud de gente también se acercan de todos lados de los Estados Unidos para despedir a los miles de pequeños viajeros antes de que ellos continúan sus viajes hacia el sur. Muchas otras especies de aves también pasan por Rockport en sus migraciones anuales, que nos hace darnos cuenta que las aves, igual como los aviones, tienen rutas fijas establecidas para sus vuelos migratorios.

Allí en los alrededores de Rockport, nuestro colibrí encuentra descanso y una

Archilochus colubris

70

The body of a hummingbird is a veritable power plant, and it has the ability to confide in what is called its "migration fuel." Before taking off, the hummingbird enters a condition where it spends much more time than usual ingesting nectar and insects, and during this time it adds half of its normal body weight in fat to be used as fuel for its journey. In human terms, it is as if a man weighing 77 kilos were to accumulate within a few weeks enough fat to increase his weight to 116 kilos, and this fat would be consumed in a short period of extraordinary effort during which he can't eat or sleep. Some studies show that hummingbirds can almost double their weight in just 7 to 10 days. Furthermore, ornithologists who have studied their flight speed and energy consumption, estimate that an additional 2.1 grams of fat is enough to enable a hummingbird to fly about 800 kilometers without eating. That explains why they are able to fly nonstop across the Gulf of Mexico.

Now, we will follow a hypothetical journey of a young Ruby-throated Hummingbird from Houston, Texas, where it was born, to the province of Chiriqui in Panama, where it will stay during the winter in the North. The photo of a juvenile male Ruby-throated Hummingbird on the opposite page was taken in David, Panama, in January 2010, shortly before the start of its return to the North, and is proof that a hummingbird, born in the summer in the United States is able to travel to Panama the same year. It is obvious that the bird in the photo is a juvenile male, less than 5 to 6 months of age, as compared to the photo at the beginning of this chapter, because the feathers of its throat are just beginning to convert to those of an adult Ruby.

It is mid-June when our traveler first sees the light of day, and on July 4, he takes his first flight of no more than a few feet before landing awkwardly on a tree near the nest. The next 30 days are dedicated to improving his ability to fly, while his mother teaches him how to explore the flowers and determine which offer the richest rewards of nectar. His mother also teaches him how to drink sugar water from a feeder near the nest. But after 2 or 3 weeks, the mother determines that her offspring is now ready to fend for himself and forces him to leave her territory, as he has become a competitor for her food supply. However, the young hummingbird soon establishes his own territory nearby and will defend it against all other hummingbirds that approach, even his own mother, who taught him all the survival techniques.

In September, when our little hummingbird is barely 2 months old, something tells him it's time to leave his native neighborhood. We don't know what it is that creates this irresistible desire to emigrate, an urgency that requires him to leave the safety of the only home he has ever known to move south, and he knows nothing of the dangers he will be facing along the way. However, when he wakes up, he feeds for several hours, and for reasons he doesn't know he heads south into the unknown. After flying a couple of hours, he stops when he sees a field of wildflowers. Unknowingly he is approaching a town called Rockport in Texas.

At the end of the day he stops again at a site with lots of flowers, where he spends the first night after leaving home. The next day he again feeds all morning, and flies for a couple of hours at midday. We assume he can maintain a speed of 60 kilometers per hour, but sometimes he has to stay in one place for several days due to inclement weather. But by mid-September we assume he has joined thousands of other hummingbirds near Rockport, close to Brownsville, Texas. This is an event that is repeated every year and is celebrated in Rockport with a large festival, where crowds of people come from all over the United States to say goodbye to the thousands of little travelers before they continue their journey south. Many other bird species also pass through Rockport on their annual migrations, and this makes us realize that birds, just like airplanes, have established fixed routes for their migratory flights.

There, somewhere on the outskirts of Rockport, our hummingbird finds rest and a wealth of food for the next few days. Throughout the year and especially during the festival for migratory birds, the inhabit-

riqueza de alimentos durante unos días. Durante todo el año y sobre todo durante la feria de las aves migratorias, todos los habitantes de Rockport mantienen una multitud de bebederos llenos de agua con azúcar y en sus jardines siempre tienen una multitud de árboles y arbustos con las flores favoritos de los viajeros, ya que todos saben que Rockport está en el centro de su ruta migratoria. En uno de esos jardines es donde nuestro viajero encuentra refugio en la noche, y a lo mejor se posa también allí durante el día, sentado en una percha por encima de uno de los bebederos, donde trata de guardar su fuente de sustento contra los miles de competidores. Y eso no es una tarea fácil, ya que a veces hasta 5 o más colibríes tratan de aprovecharse del mismo alimentador.

Aún así, nuestro pequeño Garganta de Rubí seguirá siendo el ave dominante en este su nuevo lugar preferido. No le importa nada que los otros colibríes también están tratando de llegar a un sitio más calido donde esperan quedarse durante el invierno del norte. Allí se queda unos 7 a 10 días, constantemente alimentándose para engordarse con la adición de grasa requerida para luego impulsar el viaje más largo de toda su vida, el vuelo sin escalas a través del Golfo de México o el vuelo aún más largo sobre tierra para llegar a América Central. Escoja un día, que a lo mejor está marcado por una fuerte brisa del norte y cielos soleados, para salir de Rockport y el territorio continental de los Estados Unidos, volando cerca de la parte superior de las olas. De vez en cuando cae en el oleaje por unos momentos de respiro del viento. Y no cabe duda de que muchos colibríes se pierden en el mar debido a los huracanes o tormentas tropicales que azotan el golfo en esta época del año. Sólo la mitad o tres cuartas partes de los colibríes jóvenes logran sobrevivir hasta la edad adulta.

Afortunadamente, nuestro pequeño colibrí es uno de los viajeros que sobrevive a través de los peligros de su primera migración. Después de 10 a 12 horas de vuelo, se ha recorrido más de la mitad antes de tocar tierra. La oscuridad se acerca mientras continúa su vuelo a través de la noche. Finalmente, al amanecer ve la tierra. Es la costa norte de la Península de Yucatán, y su viaje tan duro finalmente le ha llevado a un ambiente cálido, iluminado por el sol. De pronto aterriza y se alimenta de las muchas flores antes de encontrar un lugar seguro para dormir y descansar el resto del día. En su condición agotada, sería presa fácil de cualquier depredador, por lo que su lugar de descanso debe estar bien escondido. A la mañana siguiente se despierta con un coro de sonidos de aves desconocidas. Y después de estirar sus músculos cansados y adoloridos, toma vuelo y se alimenta de nuevo en la abundancia de flores ricas en néctar que están a su alrededor. Después de pasar varios días en este paraíso tropical se recupera lo suficiente para continuar su viaje hacia el sur en busca de un hogar de invierno.

Pasa por la Península de Yucatán, Guatemala, Honduras, Nicaragua y Costa Rica para finalmente encontrarse en un jardín en la ciudad de David en Panamá, lleno de sus flores favoritos y tiene también un número de los mismos bebederos que conoció donde nació en Texas. Y aunque su viaje inicialmente fue hipotético, su llegada a David es la pura verdad, ya que el creador del jardín en David también se trasladó de Texas a Panamá y además es el autor de este libro. Y no es una coincidencia que el jardín tiene tantas de sus flores favoritas, ya que fue creado específicamente para ser un hábitat ideal para los picaflores de Panamá, donde hasta ahora se han observado unas 12 especies diferentes de colibríes. En 2009, los visitantes del norte que llegaron al jardín incluyeron por lo menos cinco Gargantas de Rubí, 1 macho adulto, 2 machos juveniles y 2 hembras.

Obviamente, como el recién llegado es sólo un visitante en este su nuevo hábitat, se encuentra inicialmente subordinado a las aves residentes, y la competencia por los alimentos es más feroz que en el lugar de donde vino. Aquí lo encuentra más difícil conseguir y mantener su propio territorio de alimentación y tiene que aprender como sostenerse en su nuevo ambiente.

ants of Rockport provide a multitude of feeders kept full of sugar water, and their gardens always have plenty of trees and bushes with the favorite flowers of the travelers, because they all know that Rockport is at the center of their migration path. In one of these gardens our traveler finds refuge for the night, and maybe he also stays there during the day, sitting on a perch above one of the feeders, where he tries to save his livelihood against the thousands of competitors. And that's no easy task, as sometimes 5 or more hummingbirds try to take advantage of the same feeder.

Even so, our little Ruby-throated Hummingbird remains the dominant bird in his new temporary home. He doesn't care that the other hummingbirds are also trying to get to some warmer location where they plan to stay during the northern winter. He stays there about 7 to 10 days, constantly feeding, to gain extra weight with the fat he needs to continue with the longest journey of his life, the non-stop flight across the Gulf of Mexico and the even longer flight over land to reach Central America. He is waiting for a day with sunny skies and a strong breeze from the North to leave Rockport and the U.S. mainland. He will be flying close to the top of the waves, and he may occasionally drop into the swell for a few moments of respite from the wind. There is no doubt that many hummingbirds are lost in the sea due to the tropical storms that plague the Gulf at this time of year, and only between half and three-quarters of the young hummingbirds reach adulthood.

But fortunately our little hummer is one of the travelers who survives in spite of the dangers of his first migration. After 10 to 12 hours of flying, he has covered more than half the distance before landfall. Darkness is coming but he continues flying through the night. Finally, at sunrise he sees dry land. It is the northern coast of the Yucatan Peninsula, and his incredibly difficult journey has finally brought him to a warm, sunny stretch of land. He immediately lands and feeds on the many flowers before finding a safe place to sleep and rest for the remainder of the day. In his exhausted condition, he would be easy prey for any predator, so his resting place must be well hidden. The next morning he awakens to a chorus of

Archilochus colubris

Archilochus colubris

Sin embargo, su largo viaje del norte le ha proporcionado un montón de experiencias en la lucha para sobrevivir. Y aún si bien descubrirá que los residentes locales le hace más difícil ganar acceso a los bebederos, la riqueza de flores e insectos en su nuevo hogar le garantiza que siempre tendrá suficiente alimentos para satisfacer todas sus necesidades. Es decir, que en Panamá disfrutará de una vida muy agradable, hasta que en algún momento a finales de marzo, su alarma interior le dice que es hora de moverse hacia el norte, de regreso a su hogar natal. Una vez más se debe engordar para tener suficiente combustible para alimentar un viaje que a los seres humanos parece imposible. Para realizar el ciclo completo, debe volver a su ruta de acceso a la costa de Yucatán y al otro lado del formidable Golfo de México, y finalmente a Texas, donde nació. Y así termina un viaje típico de un colibrí Garganta de Rubí.

Es oportuno ahora, en conclusión, de reflexionar un poco sobre porque se realizan esos enormes viajes migratorios y también porque tenemos todos esos procesos tan complicados. Sabemos que la existencia de las diferentes especies de colibríes es parte de un sistema que se ha desarrollado durante millones de años con el propósito de asegurar la sobrevivencia de aquellas aves, que de repente fueron sometidas a unos fuertes cambios en los climas de sus hábitats. Y es fascinante observar como la naturaleza de nuestro planeta siempre trata de procurar varias soluciones o rutas para realizar la misma actividad o solucionar el mismo problema. Tenemos el ejemplo que tanto las abejas como las mariposas y los colibríes son programados para realizar la polinización de casi todas las flores, aún cuando en algunos casos solamente una o dos de estas especies tienen la capacidad necesaria. Y al mismo tiempo la naturaleza ha realizado pequeños cambios, por ejemplo en los picos de los colibríes, para evitar excesos innecesarios entre las diferentes especies en sus competencias para obtener alimentos. El resultado durante esos millones de años fue un equilibrio duradero aunque extremadamente delicado. Es únicamente ahora, con los daños a la naturaleza, causados por el hombre, que el equilibrio y por ende la sobrevivencia del sistema entero está enfrentando su más grande peligro.

unknown bird sounds, and after stretching his tired, aching muscles, he takes flight and feeds on the abundance of nectar-rich flowers that are all around. After spending several days in this tropical paradise, he recovers sufficiently to continue his journey south in search of a winter home.

He passes over the Yucatan Peninsula and Guatemala, Honduras, Nicaragua and Costa Rica to finally end up in a garden in the city of David in Panama, full of his favorite flowers and some of the feeders he learned about from where he was born in Texas. And though the trip initially was pure imagination, his arrival in David is a true story, as the owner of the David garden also moved from Texas to Panama and is the author of this book. And it is no coincidence that the garden has so many flowers, because it was created specifically to be an ideal habitat for Panama's hummingbirds, which until now has been visited by 12 different species of hummingbirds. In 2009, the visitors from the North that came to the garden included at least 5 Ruby-throated Hummingbirds, 1 adult male, 2 juvenile males and 2 females.

As a newcomer and visitor, our traveler is initially subordinate to the resident birds, and food competition is fiercer than where he came from. He will also find it more difficult here to obtain and keep his own territory, but he will soon learn how to support himself in this new environment. And his long journey has provided him with a lot of experience in the fight to survive. And even though the local residents make it difficult for him to gain access to the feeders, the wealth of flowers and insects in his new habitat guarantees that he will always have enough to eat. This means that he can enjoy a pleasant visit to Panama until sometime in late March his inner clock tells him it's time to return to his birthplace in Texas. Once again he must put on weight so as to have enough fat or fuel to power his return trip. To complete the cycle he must first return to the Yucatan coast, then cross the formidable Gulf of Mexico, and finally continue to Texas, where he was born. And so ends a typical migration of a Ruby-throated Hummingbird.

It is now appropriate to finish with some thoughts about why it is necessary to make these huge migratory journeys and why they are all so complicated. We know that the existence of different species of hummingbirds is part of a system that has evolved over millions of years in order to ensure the survival of those birds that were suddenly exposed to major changes in the climate of their habitats. And it is therefore fascinating to realize that nature often uses various ways to perform the same activity or solve the same problem. We know, for example, that bees, butterflies and hummingbirds are all programmed to pollinate the same flowers, although in some cases only one or two of these species may have the necessary ability. And nature similarly made minor modifications to the beaks of the hummingbirds, so as to avoid unnecessary competition among the different species in their efforts to obtain food. The result after those millions of years is therefore an extremely delicate but lasting balance, and it is only now, with the man-made damage to nature, that this balance and the survival of the whole system is facing its greatest danger.

Archilochus colubris

75

Campylopterus hemileucurus

El autor
Ralph Dessau

RALPH DESSAU nació en Copenhague, Dinamarca, en 1928, y creció durante la Segunda Guerra Mundial. En 1953, se graduó con una Maestría en Ingeniería Química de la Universidad Técnica de Copenhague y recibió una beca Fulbright que le permitió pasar un año en la Universidad de Stanford y otro año en el Instituto de Tecnología de California (Caltech).

A su regreso a Dinamarca en 1955, se casó con Carmen, su esposa por más de 58 años, y comenzó su carrera en la industria petrolera internacional, que se prolongó durante 30 años y llevó a las asignaciones en Holanda, España, Suiza, Estados Unidos y Venezuela. Mientras estuvo allí, también encontró el tiempo para producir un libro, *The Hummingbirds of Caracas (Los colibríes de Caracas)* y una película, *In Defense of the Sea (En defensa del Mar)*. En 1980, como un ciudadano de los EEUU, se trasladó a Houston, Texas, y fundó su empresa de consultoría, Process Energy Services. En ese entonces, comenzó una asociación con un amigo, George Mallard, y juntos crearon TRADUCTOR PC (PC Translator), el primer programa de traducción automática de idioma para el IBM PC, que finalmente tradujo nueve idiomas europeos desde y hacia el inglés. Sin embargo, a pesar de que ganó el reconocimiento de Word Perfect como el mejor producto de su clase por dos años en seguida, nunca llegó a ser muy rentable y la asociación se disolvió. Por otra parte, Ralph continuó su consulta mientras dedicaba su tiempo libre a su pasatiempo favorito de fotografiar los colibríes.

En 2005, se trasladó a Boquete en Panamá, donde se cuenta ya con su segundo libro, *Joyas Voladoras * Flying Jewels* sobre los colibríes de Panamá, y participa activamente en varios proyectos de la comunidad, que se planea seguir haciéndolo siempre y cuando lo permita su salud.

The Author
Ralph Dessau

Homo sapiens

RALPH DESSAU was born in Copenhagen, Denmark, in 1928, and grew up during World War II. In 1953, he graduated with a Master's Degree in Chemical Engineering from the Technical University of Copenhagen and received a Fulbright Fellowship, which enabled him to spend a year at Stanford University and another year at the California Institute of Technology.

Upon his return to Denmark in 1955, he married Carmen, his wife of more than 58 years, and started his career in the International Petroleum Industry, which lasted for 30 years and led to assignments in Holland, Spain, Switzerland, the United States and Venezuela. While there, he also found the time to produce a book, *The Hummingbirds of Caracas* and a movie, *In Defense of the Sea*. In 1980, as a U.S. citizen, he moved to Houston, Texas, and founded his consulting firm, Process Energy Services. During that time he began a partnership with a friend, George Mallard, and together they created PC TRANSLATOR, the first automatic language translation program for the IBM PC, which eventually translated nine European languages to and from English. However, though it won recognition two years in a row from Word Perfect as the best product of its kind, it never became very profitable and the partnership was dissolved. Meanwhile, Ralph continued his consulting while dedicating his spare time to his favorite hobby of photographing hummingbirds.

In 2005, Ralph moved to Boquete in Panama, where he has now produced his second book, *Joyas voladoras * Flying Jewels* about the hummingbirds of Panama, and takes an active part in several community projects, which he plans to continue doing as long as his health permits.

Los colibríes de Panamá: inglés, español, científico
Panama's Hummingbirds: English, Spanish, Scientific

Band-tailed Barbthroat
Barbita Colibandeada
Threnetes ruckeri

Black-bellied Hummingbird
Colibrí Ventrinegro
Eupherusa nigriventris

Black-throated Mango p. 24
Mango Gorginegro
Anthracothorax nigricollis

Blue-chested Hummingbird
Amazalia Pechiazul
Amazilia amabilis

Blue-throated Goldentail
Colibrí Colidorado
Hylocharis eliciae

Bronze-tailed Plumeleteer
Calzonario Patirrojo
Chalybura urochrysia

Bronzy Hermit
Ermitaño Bronceado
Glaucis aeneus

Brown Violetear
Orijivioláceo
Colibri delphinae

Charming Hummingbird
Amazalia Hermosa
Amazilia decora

Escudo Hummingbird
Amazilia de Escudo
Amazilia handleyi

Fiery-throated Hummingbird
Colibrí Garganta de Fuego
Panterpe insignis

Garden Emerald
Esmeralda Jardinera
Chlorostilbon assimilis

Florisuga mellivora

Glow-throated Hummingbird
Estrella Garganta Ardiente
Selasphorus ardens

Green Hermit
Ermitaño Verde
Phaethornis guy

Green Thorntail
Colicerda Verde
Discosura conversii

Green Violetear p. 33
Orejivioláceo Verde
Colibri thalassinus

Green-breasted Mango
Mango Pechiverde
Anthracothorax prevostii

Green-crowned Brilliant
Brillante Coroniverde
Heliodoxa jacula

Green-crowned Woodnymph
Zafiro Coroniverde
Thalurania fannyi

Greenish Puffleg
Zamarrito Verdoso
Haplophaedia aureliae

Green-fronted Lancebill
Picolanza Frentiverde
Doryfera ludovicae

Humboldt's Sapphire
Zafiro de Humboldt
Hylocharis humboldtii

Long-billed Hermit
Ermitaño Piquilargo
Phaethornis longirostris

Long-billed Starthroat
Heliomaster Piquilargo
Heliomaster longirostris

Magenta-throated Woodstar
Estrella Gorgimorada
Calliphlox bryantae

Magnificent Hummingbird
Colibrí Magnífico
Eugenes fulgens

Pale-bellied Hermit
Ermitaño Ventripálido
Phaethornis anthophilus

Pirre Hummingbird
Colibrí del Pirre
Goethalsia bella

Purple-crowned Fairy
Hada Coronipúrpura
Heliothryx barroti

Purple-throated Mountaingem
Colibrí-Montañés Gorgimorado
Lampornis calolaemus

Los colibríes de Panamá: inglés, español, científico
Panama's Hummingbirds: English, Spanish, Scientific

Purple-throated Woodstar
Estrella Gorgipúrpura
Calliphlox mitchellii

Ruby-topaz *p. 25, 26*
Topacio Rubí
Chrysolampis mosquitus

Ruby-throated Hummingbird
Estrella Garganta de Rubí
Archilochus colubris

Rufous-breasted Hermit *p. 10*
Ermitaño Hirsuta
Glaucis hirsutus

Rufous-crested Coquette
Coqueta Crestirrufa
Lophornis delattrei

Rufous-tailed Hummingbird
Amazilia Colirrufa
Amazilia tzacatl *p. 17, 31, 34*

Sapphire-throated Hummingbird
Colibrí Gorgizafiro
Lepidopyga coeruleogularis

Scaly-breasted Hummingbird
Colibrí Pechiescamado
Phaeochroa cuvierii

Scintillant Hummingbird
Estrella Centelleante
Selasphorus scintilla

Snowcap
Gorra Nivosa
Microchera albocoronata

Snowy-bellied Hummingbird
Amazalia Vientrinivosa
Amazilia edward

Striped-tailed Hummingbird
Colibrí Colirrayado
Eupherusa eximia

Campylopterus cuvierii p. 28

Eupherusa eximia

Stripe-throated Hermit
Ermitaño Gorgiestriado
Phaethornis striigularis

Tooth-billed Hummingbird
Colibrí Piquidentado
Androdon aequatorialis

Veraguan Mango *p. 14+18*
Mango de Veraguas
Anthracothorax veraguensis

Violet Sabrewing
Alasable Violáceo
Campylopterus hemileucurus

Violet-bellied Hummingbird
Colibrí Ventrivioleta
Damophila julie

Violet-capped Hummingbird
Colibrí Copetivioleta
Goldmania violiceps

Violet-crowned Woodnymph
Zafiro Coronivioláceo
Thalurania colombica

Violet-headed Hummingbird
Colibrí Cabecivioleta
Klais guimeti

Volcano Hummingbird
Estrella Volcanera
Selasphorus flammula

White-bellied Mountaingem
Colibrí-Montañés Vientriblanco
Lampornis hemileucus

White-crested Coquette
Coqueta Crestiblanca
Lophornis adorabilis

White-necked Jacobin
Jacobino Nuquiblanco
Florisuga mellivora

White-tailed Emerald
Esmeralda Coliblanca
Elvira chionura

White-throated Mountaingem *p. 9?*
Colibrí-Montañés Gorgiblanco
Lampornis castaneoventris *p. 21*

White-tipped Sicklebill
Pico de Hoz Puntiblanco
Eutoxeres aquila

White-vented Plumeleteer
Calzonario de Buffon
Chalybura buffonii

White-whiskered Hermit
Ermitaño de Yaruqui
Phaethornis yaruqui

Chlorostilbon mellisugus p. 15 p. 22
p. 13, 15, 22

Para más información sobre los colibríes:
For more information on hummingbirds:

Amazilia tsacatl

A Guide to the Birds of Panama, including Costa Rica, Nicaragua and Honduras, Ridgely, Robert A. and John Gwynne.

Hummingbirds, Greenewalt, Crawford H.

www.allaboutbirds.org

www.audubon.org

www.audubonpanama.org

www.augustoruschi.com.br/ing/hummingbirds

www.birds.cornell.edu

nationalzoo.si.edu/scbi/migratorybirds

www.supergreenme.com/SmithsonianMigratotryBirdCenter

Piggy Press Books
www.piggypress.com